Une petite voix me disait de maigrir encore

Solène Revol

Une petite voix me disait de maigrir encore

XO ÉDITIONS

ISBN : 978-2-37448-055-8

Avertissement

Afin de préserver l'identité des personnes citées dans ce témoignage, plusieurs prénoms et patronymes ont été modifiés ou abrégés par l'auteur.

Lâcher prise, c'est vivre !

Préface

Début février 2015, une phrase catégorique mais ô combien indispensable de notre généraliste – que nous remercions infiniment – ébranle subitement la douce harmonie de notre famille : « Votre fille souffre d'anorexie mentale. »

Il y aura désormais certainement pour toujours, et probablement comme dans toutes les familles qui découvrent la maladie grave d'un de leurs membres, un avant et un après cette annonce.

Un immense sentiment de culpabilité nous envahit alors. Comme tous les parents, nous avons toujours voulu préserver nos enfants des difficultés et il nous semble, à ce moment-là, avoir lamentablement échoué. Comment n'avoir rien vu venir ? Qu'avons-nous fait ou pas fait dans l'éducation de nos deux enfants pour que notre fille soit touchée par cette grave affection psychiatrique, dont nous ne connaissons jusqu'alors pas grand-chose ?

Nous ne cessons de nous demander pourquoi, et nous n'arrivons pas à y croire. C'est impossible ! Notre fille ne peut pas être anorexique, elle qui ne nous a jamais posé aucun problème : gentille, sociable, extrêmement sensible, brillante à l'école et réussissant à peu près tout ce qu'elle entreprend. Non, c'est une fille parfaite, mais justement, trop parfaite…

Très vite, en nous renseignant sur Internet mais surtout en entendant les explications des spécialistes des troubles du comportement alimentaire, nous apprenons que cette maladie touche essentiellement des jeunes filles qui ont un profil assez similaire à celui de Solène.

Ce sont des adolescentes qui, en dépit des apparences, ont très peu confiance en elles et supportent difficilement l'échec, et ce, dans quelque domaine que ce soit. Leur quête de la perfection va alors s'appliquer aussi, à un moment donné, à leur propre corps, à l'image qu'elles renvoient aux autres. Et cela va bien au-delà de la simple volonté de maigrir, encouragée en partie, il est vrai, par la pression sociétale, médiatique, qui les amène tout doucement et inexorablement à se brûler les ailes.

Dans un premier temps, la perte de poids procure aux anorexiques une immense satisfaction, un bien-être euphorisant avec l'impression d'enfin maîtriser quelque chose.

Mais tout doucement, l'addiction s'installe, ne laissant plus aucune liberté, plus aucun choix. « Pour être bien psychologiquement, il faut bouger toujours plus et surtout manger toujours moins », leur dicte cette petite voix qui prend de plus en plus de place dans leur tête. Le plaisir de manger, la sensation de faim et de satiété disparaissent complètement. La culpabilité ressentie pour le peu qui a pu être mangé mais aussi celle liée au fait de devoir mentir, cacher des choses à leur entourage, ne fait qu'empirer. Le mal-être psychologique est intense et le corps s'épuise avec toutes ces privations.

En ce qui concerne Solène, elle est descendue au poids de 33 kilos, ce qui correspond, vu son mètre soixante, à un indice de masse corporelle de 13, assimilable à un état de dénutrition sévère justifiant une prise en charge hospitalière. Solène n'étant plus alors, fort heureusement, dans le déni de sa pathologie, elle a intégré, dès qu'une place a été disponible, l'unité spécialisée dans les troubles du comportement alimentaire du département où nous vivons. Cela a été réellement une chance pour nous qu'elle accepte de se faire soigner. Nous nous sommes souvent demandé ce que nous aurions fait si elle n'avait pas coopéré. Le dilemme aurait été cruel : la garder à la maison et la voir s'enfoncer de plus en plus dans la maladie, peut-être même au péril de sa vie, ou l'hospitaliser sous la contrainte – ce qui était tout à fait possible puisqu'elle était mineure – en s'attirant inévitablement ses foudres, tout au moins dans un premier temps.

Nous avons eu la chance que Solène soit accueillie par une équipe médicale très professionnelle, très compétente. Nous ne pouvons que remercier ces soignants et leur tirer notre chapeau, notamment pour la grande patience dont ils doivent faire preuve au quotidien.

Nous n'oublierons jamais les propos bienveillants tenus par l'infirmière qui nous a raccompagnés le jour où, accablés, nous avons laissé Solène à l'hôpital sans savoir quand nous la reverrions : « Laisser votre fille ici pour qu'elle se soigne, ce n'est pas un abandon, c'est un acte d'amour très fort. Soyez persuadés qu'elle vous en sera reconnaissante. »

Le protocole de soins utilisé dans la plupart des établissements qui prennent en charge l'anorexie exige dans un premier temps une coupure totale de l'adolescente avec son environnement, ce qui est bien sûr très dur à supporter, mais, à notre sens ou tout au moins dans notre cas personnel, s'est avéré indispensable. L'absence totale de visites, la suppression du téléphone et du courrier sont une véritable torture pour tout le monde, alors qu'il n'y a pas si longtemps notre enfant dépendait entièrement de nous. Quel déchirement de devoir se contenter d'un joli mais triste visage aperçu derrière sa fenêtre depuis le parking de l'hôpital lorsque nous venions lui apporter du linge propre !

Même les coups de fil quotidiens aux infirmiers, alors que ces derniers font sans doute tout leur possible pour nous ménager, sont éprouvants. On ne sait jamais ce qu'on va nous annoncer et, évidemment, les progrès dans ce type de pathologie ne sont pas aussi fulgurants que nous l'aimerions !

Nous avons rencontré aussi bien à l'hôpital qu'à l'extérieur d'autres familles touchées par l'anorexie avec lesquelles une compréhension immédiate s'est installée. Cela a été très réconfortant et déculpabilisant... De belles rencontres se font parfois dans de mauvaises circonstances.

Heureusement, nous avions également à nos côtés notre fils Lucas. Il a tout encaissé dignement, sans jamais se plaindre alors que tout tournait autour de sa sœur. Il a toujours cherché à positiver, nous ne pouvons qu'être fiers de lui et lui en être très reconnaissants.

Le récit qui suit est véritablement celui de Solène, qu'elle a entièrement écrit lors de son séjour à l'hôpital. Elle revient sur les mois qui précèdent l'hospitalisation et raconte son parcours de soins jusqu'au moment où, miracle, elle a enfin eu le déclic, la volonté farouche de se libérer des chaînes qui l'entravaient.

Ces pages sont authentiques, conformes à la réalité de Solène et ne dissimulent rien. Elles décrivent le basculement progressif dans la maladie avec cette petite voix, à laquelle Solène nous donne également accès, qui dicte sa loi, vous oblige à vous cacher, à mentir à vos proches. Enfin, à sa demande, nous avons, avec une de ses amies, émaillé son témoignage des réactions, interrogations, inquiétudes et espoirs qui ont été les nôtres tout au long de son combat.

Raconter son histoire a permis à notre fille d'occuper ses longues journées d'hôpital mais a aussi été un exutoire à son mal-être. Coucher tout cela sur papier permet d'identifier ce qui ne va pas et de trouver des solutions pour aller mieux. C'est enfin une façon d'aider d'autres personnes confrontées à l'anorexie en leur donnant de l'espoir, ou d'encourager celles qui ont le sentiment de basculer tout doucement dans cet état pathologique à oser demander de l'aide…

Après neuf mois passés à l'hôpital, dont les derniers avec des permissions hebdomadaires de plus en plus longues pour préparer la sortie définitive dans les meilleures conditions possibles, une reconstruction lente et progressive est en cours. Il ne faut pas brûler les étapes, nous devons rester vigilants car tout n'est pas gagné. Mais nous sommes confiants.

Une petite voix me disait de maigrir encore

Durant l'absence de Solène, notre regard n'arrêtait pas de se poser sur les photos anciennes exposées dans la maison, sur lesquelles Solène a son joli sourire de petite fille heureuse. Le temps a passé, la fillette n'est plus, mais nous retrouvons à présent, après les épreuves endurées, une adolescente mature, une jeune femme qui recommence à sourire, à être heureuse…

Notre petit oiseau a réussi à s'échapper de la cage dans laquelle l'avait enfermée l'anorexie et finira par voler de ses propres ailes librement.

Une maman et un papa
pleins d'espoir.

1.

— Sérieusement les filles, faut faire un truc pour M. Riter ! Solène, t'en as parlé au conseil de classe ?

— Bien sûr Elsa, j'ai essayé... mais tu sais comment il est !

M. Riter, l'un de nos professeurs, n'est pas très apprécié des élèves. En fait, c'est le genre de prof avec qui on ne s'ennuie pas en cours car tout le monde rigole, mais il veut faire « son méchant ».

Il fait souvent des remarques désobligeantes et si on les prend au premier degré, cela peut faire mal. Par exemple, il a l'habitude de dire que l'on ne réussira pas en S si on ne se met pas la pression. Et puis avec lui, avoir plus de quinze de moyenne dans sa matière, ce n'est pas possible ! C'est un très bon prof mais il est exigeant et les contrôles sont difficiles.

Toute la classe s'en plaint et, en tant que déléguée, j'ai été chargée d'en parler au conseil de classe.

Ce n'est pas vraiment un problème pour moi. Je suis déléguée depuis la sixième, donc j'en ai l'habitude. On m'a même élue « déléguée du collège » l'année dernière, quand j'étais en troisième. Alors bien entendu, je me suis occupée d'aborder cette question, je ne voulais pas décevoir mes camarades de classe. Mais cela n'a rien changé. Impossible de faire changer un prof, c'est bien connu.

Pour ma part, je suis une bonne élève, même très bonne. Depuis toute petite, j'ai le titre de « première de la classe », mais je n'ai jamais été rejetée pour autant. Cette place me va bien, du coup chaque année je fais en sorte que cela se reproduise.

J'aime bien qu'on me prenne comme référence pour les contrôles ou les devoirs. Souvent mes camarades disent : « Ah ben, Solène n'a eu que seize, donc c'est normal que j'aie foiré ! », ou alors : « Solène, tu peux m'aider, toi qui as bien compris ? »

Tout cela me donne l'impression d'être bien vue. D'ailleurs je n'ai jamais supporté que l'on ne m'aime pas, que l'on me critique. Alors déjà, avec les enseignants, c'est réglé, je ne déçois personne.

Après ma réponse, j'ai senti l'agacement d'Elsa, malheureusement je ne pouvais rien faire de mieux. Inès a dit pour détendre l'atmosphère qu'il n'y avait rien de grave car il ne nous reste pas énormément de temps avec lui, juste notre dernier trimestre de seconde.

J'ai toujours apprécié qu'Inès ne se prenne pas la tête avec les cours, contrairement à Elsa qui stresse tout le temps. C'est drôle de la voir dans tous ses états pour un petit contrôle. Des fois, j'aimerais lui dire qu'elle angoisse pour rien mais je ne veux pas la blesser.

Pendant que nous mangeons toutes les trois au self, une chose me perturbe : Inès ne mange pas son pain et touche à peine au plat. Je lui en fais la remarque mais elle ne me répond pas. Je connais son envie d'être plus fine, et elle me répète sans arrêt qu'elle a de grosses cuisses. Pourtant, moi, je la trouve magnifique, elle n'est ni trop grande, ni trop petite, ni trop grosse, ni trop mince et sa posture lui donne un charme fou.

C'est la première fois que je remarque qu'elle ne mange pas son plateau et je sais que ça arrive de ne pas avoir faim, mais quelque chose me tracasse.

Elle est plus mince que toi, et regarde ce que tu manges.

2.

Ce week-end, j'ai vu Inès, conformément à nos habitudes. Cette fois-ci, c'est ma famille qui est allée boire la tisane chez elle. Souvent les samedis soir, au dernier moment, nos parents respectifs, qui sont très amis, s'appellent pour passer ensemble la soirée et papoter. Nous habitons le même village et le trajet en voiture est vite fait. À chaque fois, Inès et moi, nous nous isolons dans la chambre de l'une ou de l'autre et nous parlons du lycée, des différents potins. Nous sommes proches depuis la primaire, et malgré quelques accrochages au collège, je l'ai toujours considérée comme ma meilleure amie, bien qu'on ait, toutes les deux, horreur de ce terme.

Aujourd'hui, c'est lundi, une journée assez chargée mais ce qui est bien, c'est qu'on déjeune à 11 heures, donc pas besoin d'attendre dans le rang du self. Elsa mange avec son copain. C'est marrant, ils ont défini des jours ensemble et donc, Inès et moi, on sait que le lundi et le vendredi, on ne mangera pas avec elle.

Étrangement, je suis paniquée à l'idée de manger seule avec Inès, je n'ai qu'une chose en tête : savoir si elle va manger normalement... On passe la porte et on prend nos plateaux. Inès me parle mais je n'écoute pas vraiment, j'ai les mains moites et j'observe le menu. Il y a des lentilles avec du jambon, et différents desserts : du crumble aux pommes, des muffins aux pépites de chocolat et des fruits.

Nous nous asseyons à table et je décroche mon regard du plateau : le self est presque vide. Inès commence à me parler d'Enzo. Ce n'est pas son copain mais ils se tournent autour depuis six mois. Avec Elsa, on fait tout pour qu'elle se lance mais le problème, c'est qu'aucun des deux ne veut faire le premier pas. J'ai toujours admiré la façon qu'a Inès de patienter avant une relation. Pour les histoires de cœur, nous sommes complètement différentes. Moi j'ai toujours envie de m'engager très vite, je me dis : « Pourquoi attendre ? » C'est d'ailleurs pour cela que j'ai eu beaucoup plus de petits amis qu'elle. Je ne sais pas si c'est mieux, car au final, cela ne dure que très peu de temps, je vais sûrement trop vite.

Inès a rencontré Enzo à une soirée, enfin ils ont juste échangé un regard, et le soir même, il lui envoyait un message sur Facebook. Enzo est un de ces garçons populaires que toutes les filles trouvent beau mais perçoivent comme inaccessible. Inès a été très troublée après ce message. J'ai immédiatement compris qu'il lui plaisait. Depuis ce jour, six mois ont passé et ils sont encore dans la phase « on se cherche ». Aujourd'hui elle me raconte qu'ils devaient se voir mais qu'il a tout annulé au dernier moment.

Le repas se termine et soudain, je recommence à regarder les plateaux. Inès a laissé beaucoup de son plat et le crumble ne lui a pas plu. Je ne sais pas ce qui lui prend de vouloir faire l'anorexique, elle devrait faire un peu de sport au lieu de ne pas manger. Encore une fois, j'ai décroché de la conversation. Pourquoi ce que mange ma meilleure amie m'obsède autant ? Cette fois-ci je ne fais aucune remarque, j'ai peur de me fâcher, de l'énerver et j'ai horreur des conflits.

3.

— Maman, il rentre quand, Papa ?

— Il sera sûrement en retard mais tu peux mettre le couvert en attendant.

Il m'agace, en ce moment, à rentrer à des heures pas possible. Je cache mon mécontentement et je mets la table. Je n'ai aucune raison de lui en vouloir, il n'a pas vraiment le choix. Il exerce une profession médicale, et comme les praticiens en milieu rural sont en nombre insuffisant, ils sont tous saturés. Ils font des journées extrêmement longues d'autant plus que c'est le soir, forcément, que les patients sont les plus disponibles.

Tu es moins importante que ses patients.

Je m'installe à table. Comme à chaque fois ma mère crie pour que mon frère vienne. C'est normal, à treize ans, il est tellement absorbé par ses jeux vidéo que quitter directement la partie lui est impossible.

On a peut-être trois ans d'écart mais je me suis toujours bien entendue avec lui. Petits, on jouait ensemble, je faisais la maîtresse et lui l'élève, ou alors on préparait des spectacles pour les parents. Il y a eu quelques chamailleries mais, en tout cas, jamais plus d'une heure. Je me souviens que l'on dormait ensemble jusqu'à mon entrée au collège. Encore maintenant, il m'arrive parfois de lui proposer de dormir avec moi après avoir regardé un film ou écouté de la musique. On a pas mal de points communs. Lui aussi a d'excellentes notes au collège, mais, contrairement à moi, il ne passe pas des heures sur ses devoirs : lui, c'est du rapide et avec l'iPad à côté ! Il a vraiment des facilités et je trouve ça génial pour lui. Ma mère a souvent tendance à nous comparer. Elle dit quotidiennement à Lucas de prendre exemple sur moi, de passer un peu plus de temps sur ses leçons. Malheureusement pour elle, il est têtu et refuse de travailler plus sérieusement.

— On mange quoi, M'man ?

— J'ai fait une salade composée, et sinon il reste du melon et des pâtes, vous mangerez ce que vous voudrez.

Quelques minutes plus tard, j'entends le bruit du gravier de la cour, je reconnais la voiture de Papa. Il arrive en s'excusant de son retard. Je comprends immédiatement qu'il est énervé, cela se voit dans ses yeux. Le bruit des informations à la télé comble un peu le silence et Maman demande :

— Alors ?

— C'est toujours pareil, ça ne s'arrange pas du tout ! Après ton départ du cabinet, j'ai eu encore trois personnes très énervées au téléphone qui cherchaient désespérément un praticien.

Ma mère, qui travaille avec lui, sait bien de quoi il parle. C'est elle qui gère la prise de rendez-vous et elle doit jongler en permanence entre l'insistance des patients et le stress de mon père, quand il y a trop de monde ! Ce n'est pas facile pour elle non plus !

En fait, cette discussion ne fait que me perturber. Ça m'inquiète de voir que mon père est mal. Et ça m'inquiète aussi de me dire que la pression du boulot pourrait menacer le couple que forment mes parents. Je ne veux pas que notre famille si unie se déchire.

Mais tout ça, je ne peux pas le dire à mon père : ce serait affreusement cruel et égoïste de l'encombrer avec mes peurs alors qu'il a déjà ses propres problèmes à gérer. Heureusement qu'il prend un peu de bon temps à la maison et qu'il peut extérioriser son stress avec nous.

Le repas se termine dans la bonne humeur avec nos petits rituels du soir. Ma mère demande notamment ce qu'on a mangé à la cantine, les notes qu'on a eues… et on finit généralement en regardant une émission ou un film en famille. J'adore ces soirées-là.

4.

Je passe prendre Inès à 19 h 45. La plupart du temps elle traîne un peu ou alors ce sont nos parents qui bavardent, donc on part souvent à 20 heures. Ce n'est pas très grave, nous allons seulement assister aux matchs de basket de l'équipe numéro un de notre petite ville, où on se retrouve avec toute notre bande de potes un samedi sur deux.

Malgré tout, ce soir, je suis contrariée d'être en retard. Je ne saurais pas vraiment expliquer pourquoi. C'est comme si je perdais le contrôle sur quelque chose. J'ai horreur du retard. Quand tout est planifié, c'est vraiment dérangeant.

Bref, quand on arrive, l'ambiance est hyper sympa, comme d'habitude. Moi aussi je fais du basket, depuis sept ans. J'ai une super équipe, je m'entends bien avec tout le monde. On se voit beaucoup car on a deux entraînements par semaine, un match le week-end et la plupart d'entre nous sommes aussi présentes le samedi soir lors des matchs à domicile de l'équipe senior. Inès est bien acceptée et, comme toutes les deux on ne se lâche jamais, c'est un peu comme si elle faisait partie de l'équipe, toutes mes coéquipières la connaissent. En plus de cela, nos meilleurs amis garçons – avec lesquels on organise des soirées, on va au fast-food, on reste au lycée… – font eux aussi du basket. On retrouve donc tout le monde mais surtout, on voit Coralie. Elle fait du basket avec moi et a fait de la danse avec Inès. Toutes les trois, nous formons un trio de choc. Vous voyez les Totally Spies ? Les trois amies inséparables ? Nous, c'est un peu pareil… Alors à chaque match, on passe plus de temps à se raconter les potins, à commenter tout ce qu'on voit qu'à regarder les joueurs sur le terrain. J'avoue que, comme beaucoup d'adolescentes, on critique pas mal, mais rien de bien méchant. Ce qui est certain, c'est que toutes les trois on se dit tout, et à chaque difficulté on peut compter les unes sur les autres.

Depuis quelques jours, je me dis que je dois parler à Coralie de mes inquiétudes par rapport à Inès. Lorsque cette dernière part un moment avec Jérémie, un de nos copains dont elle est proche, je saute sur l'occasion pour évoquer cette histoire qui me tracasse tant. En effet, comme Coralie a un an de plus que nous, un emploi du temps complètement différent du nôtre, elle mange rarement avec nous au lycée, elle n'a donc certainement rien remarqué.

— Tu sais qu'Inès est bizarre en ce moment ?

— Ah bon ? Comment ça ? Explique-moi tout, mon petit chat, me répond Coralie avec son air de « maman rassurante ».

Elle a l'habitude de m'appeler « mon chat », je trouve ce surnom vraiment attendrissant, surtout quand on connaît son attachement pour ces boules de poils.

Je lui confie timidement qu'Inès mange de moins en moins au self, qu'elle laisse presque tout dans son assiette. Coralie me regarde, à la fois étonnée et agacée.

— Oh non, j'en ai marre de faire la diététicienne ! dit-elle avant de finalement se radoucir. Bon, ne t'inquiète pas, et, si ça continue, tu me le dis, j'irai voir l'infirmière du lycée.

Je l'adore, elle a cette capacité à être franche en toute circonstance, à ne pas avoir peur de parler dès lors qu'elle est sûre d'elle. Et puis je comprends son agacement, vu que deux de ses amies ont déjà eu des problèmes alimentaires.

Nous rejoignons Inès et Jérémie en train de parler de leurs histoires d'amour respectives. J'entends qu'Inès prononce le prénom d'Enzo. Du coup, je me dirige vers mes copines de basket, pour les laisser un peu tranquilles.

5.

Au lycée, Elsa, Inès et moi avons notre petit endroit près du radiateur, à côté de la salle d'histoire. L'hiver, on y passe pas mal de temps car il y fait chaud. Sinon l'été, comme maintenant, c'est plus pour papoter. Cet endroit est situé juste à une sortie d'escalier donc il y a énormément de trafic. Pour les commères que nous sommes, c'est parfait !

Elsa est en train d'évoquer les souvenirs du collège. C'est vrai que notre histoire est assez drôle car cette année nous sommes toutes les trois dans la même classe. Or l'an passé, en troisième, Inès et moi détestions Elsa et c'était réciproque ! Elsa avait une « meilleure amie » assez convaincante qui l'avait persuadée que nous étions des pestes, et du coup nous pensions la même chose d'elles. Nous les avions même surnommées « les vilaines ». Quant à elles, dès qu'elles s'approchaient de nous, elles s'exclamaient : « Ah, ça pue ! », puis elles pouffaient de rire. C'était insupportable !

— Sérieusement, on était vraiment des gamines ! dit Inès en riant.

— Oui, je ne sais même pas pourquoi on se détestait autant, ajoute Elsa.

Mais moi, je sais parfaitement pourquoi Elsa et sa copine me détestaient, je n'ai pas besoin qu'elle me le dise. Car, dans le fond, la vérité, c'est qu'elles n'avaient pas de problème avec Inès, c'est moi qu'elles jugeaient, que tout le monde jugeait… La phrase d'Elsa fait remonter tellement de souvenirs douloureux. Elles continuent la discussion pendant que je me perds dans mes pensées… Je revois toutes ces scènes de larmes, d'angoisse.

Elsa et sa copine te détestaient et elles te détestent toujours.

C'est vrai, j'ai fait des erreurs d'adolescence. Mais je n'ai jamais voulu faire de mal. J'ai même toujours tout fait pour ne pas décevoir et, du coup, j'ai toujours eu peur de dire non.

Or, vous savez, au collège, aux alentours de la cinquième, il y a cette phrase débile mais tellement mignonne qui est sur toutes les lèvres : « Tu veux bien sortir avec moi ? »

On me l'a dite de nombreuses fois, sûrement parce que j'avais l'apparence d'une fille sûre d'elle et que les garçons aiment bien ça ! Je savais aussi jouer de mes qualités et je n'étais pas moche. Le problème, c'est que malgré cette apparence, je n'ai jamais eu confiance en moi. Et je me disais tout simplement que dire non serait perdre définitivement l'autre et passer pour une méchante. Alors, même sans sentiments, je disais oui, sans me rendre compte des conséquences que ça pouvait avoir. Les amours à cet âge-là ne durent pas plus d'un ou deux mois, ce qui fait que j'ai eu pas mal de petits copains. Et les critiques, les rumeurs et les remarques blessantes fusaient.

Les filles de ma classe disaient que si les garçons sortaient avec moi, c'était seulement parce que j'acceptais d'avoir des relations sexuelles avec eux. Or je ne savais même pas ce que ça voulait dire, j'étais juste contente de plaire. Bref, les autres inventaient n'importe quoi sur ce qui se passait avec mes petits amis. Et ç'a été très douloureux de voir que certaines personnes, sans me connaître, se permettaient de juger ma personnalité.

À cette époque, j'avais une amie très proche, Manon. On passait beaucoup de temps ensemble. Toutes ces histoires ont fait que nous nous sommes éloignées l'une de l'autre et qu'elle est partie avec d'autres filles. Je me suis sentie abandonnée, seule… Un vrai enfer. Je pensais que toute ma classe me détestait, je ne voulais plus aller en cours.

Je savais que sortir ainsi avec des garçons était une erreur mais je ne méritais tout de même pas cela. Il m'est arrivé de m'enfermer dans les toilettes avec mon téléphone pour être rassurée par mes parents. Eux au moins, je savais qu'ils ne m'abandonneraient pas.

Au final, tout s'est arrangé quelque temps plus tard. J'ai retrouvé Inès et de vrais amis. Mais cette mauvaise image est restée gravée dans ma tête et j'ai encore beaucoup de mal à me remettre de tout ça. Alors, quand Elsa évoque le fait qu'elle me détestait, j'ai l'impression d'être encore jugée pour cela.

— Solène, tu rêvasses ? me demande gentiment Inès.

— Non, non, je regardais la robe de Cindy. C'est osé, je trouve ! j'invente aussitôt en la voyant passer.

— Oui, j'avoue, c'est seulement pour montrer qu'elle est bien foutue avec ses jambes toutes fines. Je la hais !

— Nous trois, on ressemblerait à des boudins avec un truc si court.

— C'est sûr, oui ! je confirme en regardant mes cuisses.

— Bon, on va être en retard en italien ! s'exclame soudain Elsa.

Toujours Elsa et son stress. Je me retiens de rire et on se lève pour prendre nos sacs dans le casier.

6.

Le collège de mon frère et mon lycée étant juste à côté l'un de l'autre, nous prenons le même bus pour rentrer le soir. C'est marrant, parce que même si nous avons chacun nos amis, j'aime bien le savoir là, près de moi.

Arrivée à destination, je descends, comme souvent, dans les derniers. Inès m'attend pour me dire au revoir. Il ne reste plus qu'une semaine de cours, c'est génial, car cette année de seconde sans examens, c'est les vacances début juin. Je fais un bisou à Inès et me dirige vers la voiture de ma mère.

— Ça va, les enfants, vous n'avez pas eu trop chaud ? Le soleil a cogné aujourd'hui.

— Ah si, c'était l'horreur ! je m'exclame.

Il fait déjà trente-cinq degrés en juin, qu'est-ce que ça va être en août ? Cet été, je pars une semaine en croisière avec mes parents et mon petit frère. Je rêvais, tout comme Lucas, d'en faire une, mes parents ont craqué et se sont lancés dans l'aventure. Ils disent bien à l'entourage que c'est pour tester, je ne sais pas si c'est réellement parce que c'est un test ou si c'est parce qu'ils ont honte. C'est bizarre, mais pour eux, il y a quelque chose de culpabilisant à dépenser autant d'argent pour aller passer du bon temps sur un bateau.

Ils ne sont pas à l'aise, ne se sentent pas à leur place. Je crois qu'ils n'ont tout simplement pas l'habitude de se faire plaisir. Moi en tout cas, j'ai hâte d'y être.

Maman se gare et je cours jusqu'à ma chambre. Je l'entends qui m'appelle :

— Viens, Solène, je vous ai acheté des cookies chez le boulanger pour le goûter.

— Non merci, Maman, Lulu peut manger les deux.

Je ne sais pas pourquoi j'ai refusé, j'adore ça, c'est même ce que je préfère, mais bon, je vais éviter les excès avant l'été.

Je prépare mon sac pour demain. Je me sens bien : il est 18 h 30 et j'ai tout fait. Être organisé, c'est tellement rassurant. Du coup, comme je n'ai plus de devoirs, je vais commencer à trier mes cours de l'année écoulée et les ranger pour l'année prochaine. Ça peut paraître bizarre, mais j'ai toujours la sensation de ne pas pouvoir me permettre de perdre du temps. J'aime tellement être efficace : dès qu'on me demande quelque chose, je le fais au moment voulu. D'ailleurs, je le fais même si on ne me le demande pas… Je ne veux pas décevoir, je crois que ça fait partie des choses pour lesquelles on m'apprécie, alors je ne relâche jamais mes efforts. Un petit break pourrait être désastreux pour mon image de bonne élève. Pour être honnête, parfois, j'aimerais pouvoir m'émanciper de ce rôle et lâcher prise. Si seulement je n'avais pas aussi peur de n'être plus rien pour les autres si je ne suis plus celle qui a de bonnes notes…

C'est l'heure de la météo, j'entends mon père qui arrive, mon frère descend les escaliers à toute allure, le repas est servi. Maman a fait une quiche, tout le monde la trouve excellente et je ne dirai pas le contraire, rien que l'odeur me donne l'eau à la bouche. Mon père me propose une deuxième part et je refuse. Autant rester dans mon optique « pas d'excès ».

Super inquiète comme toujours, Maman me demande ce qu'il se passe, et je réponds que j'ai simplement bien mangé à la cantine. Et puis d'un coup, je ne sais pas ce qui me prend, je sens revenir les tensions des repas du midi et j'ajoute :

— Moi je mange, contrairement à Inès qui doit sûrement avoir en tête de faire un régime. Je vous jure, vous la verriez au self !

Ils ne relèvent pas et mon père enchaîne sur un autre sujet :

— J'imagine que vous n'avez pas fait grand-chose aujourd'hui. Les veilles de vacances, ce n'est pas trop chargé !

Lucas et moi confirmons. Lui a fait des jeux de société et moi, à part en maths où nous avons continué à travailler, j'ai regardé *La vie est belle* et une pièce de théâtre. Parfois je me demande pourquoi on vient en cours à la fin, alors que tout le monde n'a qu'une idée en tête, y compris les profs : les vacances !

7.

Papa me réveille à 9 h 30, c'est le premier dimanche des vacances. Je lui ai demandé hier qu'on aille courir un peu. J'adore partager ce moment avec lui. Il a un très bon niveau, on le trouve tous dingue, il a fait des courses de plus de cent cinquante kilomètres (on appelle ça des « ultra-trails ») ! Il n'y a pas si longtemps qu'il a commencé, mais ç'a vraiment l'air d'être une passion. L'année dernière, avec ma famille et des amis, nous l'avons suivi à Chamonix pour l'Ultra-Trail du Mont-Blanc. Lors de son passage à l'arrivée, j'ai vu dans ses yeux qu'il était très fier. Nous avons tous pleuré d'émotion, c'était un vrai moment de bonheur.

Moi évidemment, je ne fais pas de courses, mais quelques petits footings comme ce matin. J'aime bien, je me sens libre, et en plus, on discute beaucoup. Après trente minutes à gambader et à parler de tout et de rien, je pense soudain que nous sommes en vacances et que je ne vais pas voir ce que mange Inès. Mes inquiétudes ressurgissent d'un coup. À chaque fois que je me sens mal comme ça, même si dans ce cas-là je ne sais pas exactement pourquoi l'appétit d'Inès me préoccupe tant, je me sens obligée d'en parler à mes parents.

Je leur ai toujours tout dit. Même les anecdotes sans importance, nous les partageons. Je m'entends vraiment bien avec eux, on se dispute rarement et je leur fais confiance à cent pour cent. Ils étaient au courant pour mes histoires au collège et c'est même grâce à eux que je m'en suis sortie. J'ai de la chance, tout se passe bien, et comme je n'ai pas fait de crise d'adolescence, mes parents m'autorisent beaucoup de choses. Ils savent que je suis sage et que rien ne remettra en cause mon avenir. Tant que j'ai des bonnes notes, pourquoi me priver de sorties ?

— Papa, tu sais qu'Inès n'a pas mangé grand-chose cette semaine, et, vu que c'est les vacances, j'ai peur qu'elle fasse des conneries.

— Ne t'inquiète pas pour elle, ça se verra si elle perd du poids et que c'est dangereux. Tu nous diras si c'est pareil pour tes prochains repas avec elle.

Je ne sais pas pourquoi ça me semble si important. C'est vrai, nous sommes un peu pareilles toutes les deux ; hormis le fait qu'elle est plus grande, nous ne sommes ni grosses ni maigres, je n'ai aucune raison de m'angoisser comme je le fais.

Je me dirige vers la douche après notre tour de huit kilomètres. J'aime bien prendre mon temps, traîner un peu avant d'y aller. Aujourd'hui c'est bizarre, cela fait un moment que je ne l'ai pas fait, mais j'ai envie de me peser : 52,3 kilos. Mon poids normal. Enfin j'enlèverais bien 1 ou 2 kilos. Oui, 50 kilos, ce serait parfait, histoire que je perde un peu mes hanches et surtout ces cuisses que je n'aime pas. Bon, allez, c'est décidé, je perds 2 kilos pendant l'été. On va voir si j'y arrive. Le plus tôt sera le mieux pour pouvoir aller à la piscine ! Je prends mon portable et je note 52,3 avec la date. Je vais essayer de faire pas mal de sport pendant ce mois de juin, d'autant plus que je n'ai plus d'entraînement de basket ! Il ne faut pas que je me laisse aller !

8.

51,3 kilos, j'explose de joie ! En un mois, j'ai perdu 1 kilo, je suis trop fière. À vrai dire, je me suis mise à courir presque tous les jours. Je suis vraiment motivée ! Je pète la forme. Mes parents ont l'air contents, ils me félicitent pas mal. À leurs yeux je suis une vraie sportive.

À part ça, c'est début juillet, j'ai déjà fait quelques soirées, toujours avec Inès. J'essayais de ne pas faire attention, mais à chaque fois, j'étais focalisée sur ce qu'elle mangeait. En réalité, on mange à peu près la même chose, mais, même si je ne peux pas le vérifier, je suis sûre qu'elle ne mange pas certains soirs.

Il n'y a que toi qui manges trop, tu es grosse.

Ses parents travaillent souvent jusqu'à une heure tardive, donc elle est seule. De mon côté, mes parents ne seraient pas d'accord pour que je mange moins, et comme ils sont toujours là… Je vais me mettre à fond au sport. Ce serait trop cool, 50 kilos.

Ce matin, profitant que mes parents étaient au travail, je suis allée courir à jeun. Il paraît qu'on élimine plus vite les calories ainsi. Hier j'ai déjà couru une heure trente. En plus, je savais que Coralie et Inès allaient faire un footing toutes les deux aujourd'hui, alors je voulais moi aussi éliminer. Il est hors de question de devenir la « grosse » du groupe, je veux mettre toutes les chances de mon côté pour avoir, moi aussi, une jolie silhouette.

Maman a cuisiné des petits légumes avec du riz et du saumon, j'en ai pris le moins possible car je ne veux pas mettre tous mes efforts à l'eau.

Plus tard dans la journée, j'ai prévu de faire ma valise. C'est un peu tôt, mais dans moins d'une semaine, je pars en Belgique avec mes deux meilleures amies par le biais de la MJC. Ça fait un an qu'on parle de ce voyage, qu'on le prépare en essayant de récolter le plus d'argent possible grâce à des petites actions qu'on organise dans notre ville, et j'ai vraiment hâte.

Maman s'énerve un peu en me voyant faire. Elle me dit que j'ai encore largement le temps de m'occuper de tout ça, que ça ne sert à rien de tout anticiper comme je le fais. Je sais bien que ça l'agace parfois de me voir si peu dans l'instant présent, que je ne sache pas me laisser aller, mais c'est plus fort que moi : j'aime être organisée ! J'ai toujours peur d'oublier quelque chose, que tout ne se passe pas comme prévu, j'aime l'ordre, ce qui est net, sous contrôle. C'est réconfortant de me dire qu'il y a au moins un aspect de ma vie dans lequel je suis certaine d'être à la hauteur.

Je veux que ce voyage soit parfait.

9.

Voilà trois jours que nous sommes dans cet affreux endroit en Belgique. Nous ne nous attendions tellement pas à ça ! Déjà, à peine arrivée, Inès s'est fait voler son portable dans le bus, le voyage commençait bien ! Ensuite, sur place, grosse surprise !

Nous sommes en pleine campagne, nous n'avons droit à nos portables qu'une heure par jour, tout nous est imposé. On nous réveille au sifflet, et à 23 heures, on nous coupe le courant.

Les activités ne sont pas intéressantes et sont toutes pratiquées en groupe. Mais vous ne savez pas le pire : je suis seule dans un groupe avec des petits merdeux que je déteste. Le problème, c'est que les groupes ne sont pas faits uniquement pour les activités, mais aussi pour les repas et les soirées. Coralie et Inès sont ensemble et ont aussi eu la chance d'être dans la même chambre. En gros, je ne les vois que deux heures par jour.

Je hais ce séjour, j'en ai marre, je suis en larmes. Quand je récupère mon portable, j'appelle mes parents, c'est rassurant de leur parler.

À midi, le repas est servi : ce sera boulettes de viande avec des pâtes. Je vais dire que je n'aime pas cela, autant en profiter pour perdre mon kilo ! Comme je n'ai pas non plus mangé grand-chose les autres jours, il y aura au moins cela de positif dans ces vacances.

Si je suis complètement honnête, tout n'est pas totalement noir et nous faisons aussi des trucs de dingues. Vous savez, avec les filles – enfin surtout mes deux copines –, nous sommes de vraies princesses, du genre à ne pas vouloir se salir, à être toujours bien coiffées, bien habillées. Et pourtant hier, nous avons dû ramasser du bois pour le feu de camp et nettoyer la salle de regroupement. Entre la scie et le balai, je ne sais pas ce qui était le plus drôle.

Mais aujourd'hui, à nouveau, c'est la déprime ! On commence des olympiades, c'est-à-dire des concours entre les différents groupes sur plein de jeux. Sauf que je n'aime toujours pas mes coéquipiers. Ils sont tellement insupportables. Je me sens seule comme jamais.

Coralie me rejoint dans l'herbe et me demande ce qui ne va pas. Je lui explique que c'est ce séjour qui ne me convient pas, le fait qu'elles se retrouvent toutes les deux et moi seule. Toute ma colère remonte d'un coup et j'explose contre elle.

Trente minutes plus tard, je suis sur un banc au bord du lac et je ne comprends pas ce qui s'est passé. Inès est partagée entre Coralie et moi, mais je sais qu'elle ne peut pas faire de choix. Coralie n'est pas prête à s'excuser, et moi non plus.

De toute façon, elles ne t'ont jamais aimée. Si elles le pouvaient, elles feraient tout à deux, sans toi. Tu es inutile !

Au final, tout s'est arrangé naturellement, la dispute n'a pas duré longtemps. On a fini le séjour avec le même manque d'enthousiasme. Oui, je dis « on », car même si Inès et Coralie étaient ensemble, elles ont elles aussi été déçues de cette semaine qu'elles n'avaient pas imaginée ainsi. En fin de compte, ce n'était vraiment pas fait pour nous, on se promet qu'on ne recommencera pas, mais on sera certainement encore plus soudées qu'avant.

Sur le chemin du retour avec mon père, je ne peux m'empêcher de lui faire le récit du voyage dans les moindres détails, qu'il écoute patiemment.

Je défais ma valise et vais prendre ma douche avec une idée derrière la tête… Je n'ai qu'une envie : aller voir sur la balance si mes efforts ont porté leurs fruits. Le sourire aux lèvres, je lis 49 kilos. J'ai perdu plus que prévu. C'est génial, je me sens trop bien, prête pour la croisière !

Encore un petit effort…

Coralie, amie de Solène.

Même si ce séjour ne ressemblait pas du tout à ce que nous avions imaginé, j'ai essayé malgré tout de m'amuser. Et j'ai fait en sorte d'aller vers Solène dès que nous n'étions pas obligés de respecter nos groupes.

Ce jour-là, quand je l'ai retrouvée, elle discutait avec l'un de nos camarades. J'ai entendu Solène se plaindre de sa solitude. Elle disait qu'Inès et moi avions de la chance d'être dans le même groupe et dans la même chambre. Ses reproches, même indirects, commençaient à être pesants. Ce n'était quand même pas de notre faute si les groupes avaient été faits comme ça ! Alors, comme à mon habitude, étant franche et direct, je me suis permis de le lui faire remarquer…

Je crois que j'aurais mieux fait de me taire. Solène est entrée dans une telle colère que je ne savais plus quoi répondre. Ses paroles m'ont blessée. Je ne reconnaissais plus mon amie.

10.

Le serveur fait sauter le parmesan avant qu'il ne retombe sur mon assiette de pâtes. C'est drôle cette façon de mettre le fromage, mais ça fait classe ! Le restaurant du soir sur le bateau est vraiment incroyable. On dirait de la haute gastronomie ! Et il y a beaucoup à manger ! Tu m'étonnes que les touristes prennent du poids pendant ces croisières… de vraies usines à bouffe ! Matin, midi, c'est buffet à volonté avec toutes sortes de plats possibles, et le soir, un restaurant qui remplit le ventre comme jamais. Ils nous proposent une entrée, des pâtes, un plat, du fromage et un dessert. C'est, hum… comment dire ? Beaucoup trop !

Moi, je ne veux pas reprendre les 3 kilos que j'ai perdus. Tous mes efforts pour rien, ce serait injuste ! Du coup, dès le premier jour de la croisière, j'ai décidé de ne pas me laisser aller, c'est-à-dire que le matin et le midi je mange le moins possible, et le soir je choisis entre l'entrée et les pâtes et entre le fromage et le dessert. Cela me fait un repas normal, mais malgré ces précautions, j'avoue que j'ai vraiment très peur de reprendre. Déjà que je n'apprécie pas mon corps maintenant, si je reprenais ces quelques kilos, ce serait un énorme échec.

Tu vas les reprendre, ne sois pas ridicule.

— Tu vas où ? demande Maman.

— À la salle de sport, faire un peu de tapis de course.

— Encore ? s'exclame mon frère.

Sa réaction m'étonne un peu. Lui qui ne fait pas vraiment attention à ce qui se passe autour de lui, il a l'air de se questionner. Je préfère l'ignorer, je ne veux pas qu'il me fasse une autre remarque, surtout devant Papa et Maman. De toute façon, il n'est pas contrariant ; il ne va pas chercher à en parler plus s'il voit que je n'en ai pas envie.

En réalité, depuis le début de la semaine, je fais plus d'une heure de course par jour. Ce n'est sûrement pas assez, mais ça limitera les dégâts sur la balance. En tout cas, je suis trop mal si je ne le fais pas.

Aujourd'hui, c'est l'avant-dernier jour, je ne réalise pas. C'est déjà presque fini, c'était tellement bien. J'ai fait une séance photo, et je suis plutôt contente du résultat, je me trouve assez jolie.

Mis à part les kilos que j'ai dû prendre, ce séjour était super. Avec Maman, Papa et Lucas, on n'a fait que rire et on a vu des choses merveilleuses. Les villes visitées étaient fabuleuses, et le bateau un vrai palace. D'ailleurs, on le voit bien en regardant la clientèle, beaucoup de personnes sont habillées en Ralph Lauren, Hermès, ont des robes dignes de princesses et des bijoux qui scintillent de partout. Ces gens-là ne descendent pas du bateau, ils prennent de vraies vacances, du repos.

Une heure et trois minutes, ça y est, c'est fait ! Je descends du tapis et je suis en pleine forme, mais pourquoi ? Ce n'est pas normal, je devrais être fatiguée. Mon père me dit que plus on en fait, plus on s'habitue. C'est pour cela que je suis capable de toujours plus d'efforts. Mais bon, le problème, c'est que je n'ai pas trop le temps de courir plus ; je vais donc me lancer dans le gainage, c'est efficace, au moins !

Tu n'as pas assez éliminé, réfléchis, les calories du restaurant ne vont pas s'envoler.

Arrivée à la maison, j'ai l'impression que les choses se répètent, mais je suis trop impatiente de monter sur la balance. 48 kilos ! Non ! C'est vrai ? Je suis trop contente, j'ai réussi à ne rien prendre sur un bateau de croisière.

11.

— Je vais prendre une reine, je crois.

— Moi, j'hésite entre reine et fruits de mer. Non, je vais prendre une reine. Et toi, Solène ?

J'ai accepté d'aller à la pizzeria avec Inès et Elsa, mais je me trouve devant un dilemme. Prendre le risque de me faire plaisir ou être raisonnable en optant pour une pizza plus petite, et donc moins calorique. Je sens le regard d'Elsa sur moi et déclare avec enthousiasme que je prends une reine également.

C'est génial de se retrouver toutes les trois, surtout que j'ai peu vu Elsa durant cet été. Elle nous a raconté ses vacances avec son chéri, la chanceuse !

Ensuite, Inès nous fait un point sur sa relation avec Enzo. Ils ont enfin fini par se mettre ensemble, même si c'est parfois un peu compliqué. J'espère que ça va aller pour eux, car je sens que mon amie ne va pas très bien – elle n'a pas l'air complétement épanouie. Cette après-midi nous avons prévu d'aller à la piscine, ça va être le bonheur !

N'oublie pas ta pizza, tu vas la regretter. Tu aurais dû faire du sport.

Le lendemain midi, Papa, Maman et Lucas sont déjà à table quand je reviens d'un petit footing, en sueur. Ils m'attendent.

— Eh bien, dis donc Solène, tu n'arrêtes plus ? me dit mon père avec un joli sourire.

Je lui souris à mon tour avant de courir à la douche et, surtout, sur la balance. Je sais que je n'ai pas pris de poids mais je préfère me rassurer.

En me mettant à table, je me sens super bien. Au menu, il y a du « frais » à manger. Maman a fait une grosse salade comme je les adore avec de la laitue, des tomates, des œufs, de l'avocat et de la ciboulette du jardin. Je suis heureuse, nous sommes sur la terrasse abrités du soleil par la banne, avec un léger air frais. Maman nous propose ensuite un Magnum en dessert, sachant que je suis fan de ces glaces. Depuis toute petite, c'est mon plaisir de l'été, mais aujourd'hui je refuse. Ce n'est pas que je n'aime plus, mais avec la rentrée qui arrive, je vais éviter. Et je suis bien contente que Maman n'ait pas l'air de se poser de questions, car je n'ai pas envie que quelqu'un insiste pour m'engraisser, ce n'est pas le moment. D'ailleurs, cette après-midi, je ferai quelques abdos et préparerai mes affaires scolaires.

12.

— Tu crois vraiment qu'il s'intéresse à moi ? je demande, étonnée, à Inès.

Elle me répond qu'il ne me parlerait pas s'il ne comptait pas du tout me draguer. Mais non, c'est impossible, il ne doit même pas me trouver jolie. Ce garçon est en terminale et pourrait avoir tellement mieux. Je l'ai rencontré il y a deux semaines, il s'appelle Eyvan et c'est un ami de Coralie. Deux jours après la rentrée, j'étais en ville avec Inès, et Coralie nous a appelées pour nous demander de les rejoindre, elle et quelques amis, dont le fameux Eyvan. Au début, tout était naturel, mais c'est vrai que nous avons rapidement rigolé ensemble. Le soir même, il m'a envoyé un message et, depuis, j'ai tout fait pour que ça marche entre nous. Inès est certaine que je peux me lancer, même si elle me conseille d'apprendre à le connaître davantage. J'ai peur qu'en attendant trop il se lasse et qu'au final il m'échappe. Je le trouve attirant physiquement et, côté caractère, je n'ai rien à lui reprocher. Enfin, je verrai bien.

Elle se moque de toi, on ne s'intéresse pas aux incapables.

Voilà un mois que je suis en première S, tout se passe bien ! Je ne m'attendais pas à une classe comme ça, j'ai l'impression qu'il n'y a que des « têtes ». Cela met un peu la pression. Moi qui ai l'habitude d'être la meilleure, je sais que cette année je vais devoir redoubler d'efforts, ce qui me stresse beaucoup. Enfin pour l'instant, je me débrouille pas mal.

Au fait, ça y est, je suis, comme on dirait sur Facebook, « en couple ». Eh oui, notre premier bisou a eu lieu, je me sens très bien lorsque je suis avec lui. En plus, tout se passe comme dans les « vraies relations », c'est-à-dire qu'on rigole ensemble, on trouve des moments à deux, mais aussi des moments avec nos amis. Je sens cette complicité dans nos regards, j'ai vraiment l'impression d'être importante pour lui. Pour être franche, c'est la première fois que je ressens cela. Mes dernières histoires étaient laborieuses ; soit je n'accrochais pas, soit le garçon était distant et je devenais vite pénible.

Quant à Inès et Enzo, ils s'aiment tellement que, malgré les disputes, ils ne se lâchent pas et ne tiennent pas deux semaines l'un sans l'autre. C'est beau, leur histoire. Moi, avec mon manque d'assurance, j'aurais tendance à me dire, au moindre reproche, qu'il ne m'aime pas assez, et à mettre un terme à la relation. Heureusement, avec Eyvan, c'est vraiment cool, il n'y a pas de tensions. J'ai même prévu d'aller prochainement chez lui.

13.

Je suis seule dans ma chambre, en larmes. Ce soir, Maman est partie dormir chez mes grands-parents. Suite à un AVC, mon grand-père maternel est paralysé et, de temps en temps, quand Mamie a besoin de s'absenter, c'est Maman qui prend le relais.

Quant à mon père, il est encore rentré tard, fatigué. Il a eu un petit accrochage avec le dernier patient, qui était plutôt agressif, et il n'a pas besoin de ça après une grosse journée. En fait, mon père est comme moi, impulsif. Nous n'aimons pas les conflits, mais à force d'encaisser on finit par craquer. Cela m'a d'ailleurs coûté quelques embrouilles, deux ou trois fois, avec des amis.

Si je suis mal, c'est parce que je me sens un peu coupée de mon quotidien rassurant. En fait, je ne comprends pas bien pourquoi je pleure. De quoi je me plains ? Je me trouve tellement égoïste, je me déteste. Mes parents font de leur mieux et tout se passe très bien avec eux : on communique, ils me laissent pas mal de liberté et je fais en sorte de la mériter. Nous sommes une famille unie, c'est sûr.

Du côté des amies, elles sont toutes merveilleuses et pour couronner le tout, j'ai un petit copain adorable.

J'ai tout pour être heureuse et pourtant… je ne le suis pas.

Tu es tellement inintéressante !

Il faut que je me ressaisisse. En plus, demain, j'ai un contrôle de maths. Les notes du premier trimestre sont arrêtées : j'ai dix-neuf de moyenne. C'est pour cela que je dois impérativement bien recommencer le deuxième trimestre et avoir dix-neuf comme au premier ! Je vais refaire quelques exercices. Ce soir à la télé, il y a un film qui me plaît, mais tant pis. Autant faire quelque chose d'utile plutôt que perdre mon temps devant une comédie que je pourrai revoir n'importe quand en streaming.

23 h 10, les exercices de maths sont enfin finis, ç'a été assez long mais tout était important. J'avoue, je savais déjà tout avant les révisions de ce soir, mais c'est tellement rassurant ! J'ai simplement besoin de sentir que tout est sous contrôle, de tenir l'échec à distance autant que possible. Ainsi, j'éloigne de moi ma plus grande peur : décevoir !

Tu vas te planter, tu n'as pas assez travaillé !

Après avoir préparé mon sac pour le lendemain, je me dirige vers mon lit, mais une chose me tracasse. Pour ce soir, Maman nous avait préparé de la flammeküche. Je n'ai mangé que la moitié de ma part et donné le reste à mon frère, mais je suis contrariée. Je me dis que cette crème, ces lardons, c'est très calorique. Je regarde sur Internet et je tombe sur un super site, lescalories.com. C'est génial, on inscrit l'aliment, la quantité et on a le bilan en apports nutritionnels. Bon, cette fois, je me couche, car sinon je serai tout endormie demain. J'espère que Maman va réussir à se reposer chez mes grands-parents. Elle est déjà tellement anxieuse face au moindre petit tracas du quotidien, alors là…

14.

— Un, deux, trois, ensemble !

Et voilà, encore une victoire avec mon équipe préférée !

C'est cool, on gagne tous nos matchs depuis le début du brassage ! Bon, j'avoue, je ne suis pas d'une grande utilité, ma place est plutôt sur le banc. Le problème, c'est que je ne suis pas du tout agressive, et au basket, il faut l'être ! Je suis assez adroite, mais affronter les autres me terrorise. Peu importe, l'ambiance est géniale, c'est ce qui compte. Avec mes coéquipières, on se connaît depuis pas mal de temps et je suis tellement à l'aise avec elles que je me permets d'être moi-même, de faire la débile, et ça les fait toujours rire.

Sur le chemin du retour, le père d'une amie me dit que j'ai fait de mon mieux et que j'ai bien défendu. C'est ça, oui… Autant dire que je suis nulle, je sais bien que ce n'est pas pour rien qu'on me laisse sur la touche.

Enfin, l'année dernière j'avais bien progressé, j'avais pris mes marques. Je ne sais pas si c'est le fait de ne plus être dans l'équipe de Coralie qui me déstabilise ou si c'est simplement la coupure de l'été qui m'a fait régresser. En réalité, à part ma forme que je dois à la course à pied, les autres côtés du basket ne sont pas vraiment faits pour moi. Alors, forcément, étant un peu moins douée que mes coéquipières, je me retrouve plus souvent qu'elles sur le banc.

À l'entraînement suivant, le coach nous félicite, mais pointe du doigt nos grosses erreurs, que l'on ne doit pas reproduire en championnat. Du coup, on va se concentrer sur la tactique et moins sur le physique. C'est dommage, je voulais transpirer, moi. Éliminer les pâtes que je me suis autorisées ce midi. Tant pis, je vais faire mon maximum !

L'entraînement fini, je suis toujours déçue de ne pas avoir beaucoup bougé. J'essaierai de faire un peu de sport à la maison ! Ah, non, je sais ! Papa remonte en courant ce soir. C'est son habitude, certains jours de la semaine, d'aller et de revenir du boulot à pied. Ça fait environ huit kilomètres. Je suis motivée, autant en profiter, je vais l'appeler et on rentrera tous les deux en courant !

— Oui, Papa ? Je peux te rejoindre et remonter avec toi en courant ? Parce qu'on ne s'est pas du tout dépensées à l'entraînement !

J'attends. Je doute un peu car je sais que ça fait beaucoup. Du coup, j'ai peur qu'il trouve ça excessif ou qu'il me dise non en ne me prenant pas au sérieux. En tout cas, ma demande est inhabituelle et, visiblement, il se passe autant de choses dans la tête de mon père, car le silence est interminable.

— Bon, si tu veux, finit-il par dire. Mais tu es sûre que c'est pas un peu trop ?

— Mais non !

Il te prend pour une incapable, tu ne tiendras pas le coup !

Deux semaines plus tard, me voilà sur le podium de la course des Lieues foréziennes. Eh oui, j'étais super heureuse quand Papa m'a annoncé mon inscription pour cette course. Dix kilomètres et je finis première cadette féminine. La joie que je ressens, en voyant toutes ces personnes fières de moi, est immense. C'est décidé, je ne m'arrête plus de courir et en plus, je ne reprendrai pas de poids, c'est cool !

D'ailleurs ce midi, je vais faire attention, pourquoi prendre des calories alors que je viens d'en perdre quelques-unes ?

Isabelle, maman de Solène.

Un jour que j'accompagnais Solène au basket et que je regardais les filles jouer leur match, j'ai été surprise par la remarque d'une maman qui m'a demandé si c'était bien normal que Solène ait autant maigri. Quand son mari nous a rejointes, ce dernier m'a fait à peu près la même réflexion. C'est sûr, ils en avaient parlé en famille... J'ai justifié cela par le fait que ma fille courait désormais régulièrement.

Pourtant, de retour à la maison, cette discussion n'a cessé de me trotter dans la tête. L'amaigrissement forcément très progressif pour moi qui étais au quotidien avec Solène ne m'avait pas sauté aux yeux, contrairement à des personnes qui ne la voyaient que ponctuellement. Et si, tout simplement, je n'avais pas voulu voir ?

Gilles, papa de Solène.

Quelle fierté ! Pour la première fois, ma puce participait à une compétition de course à pied et elle se retrouvait sur la plus haute marche du podium ! C'est vrai que ça faisait quelques mois qu'elle s'entraînait pas mal. Elle en avait peut-être un peu trop fait, elle s'était quand même beaucoup affinée en très peu de temps ! Mais à ce moment, elle avait l'air tellement bien dans sa peau, ses notes étaient excellentes et elle avait un petit copain avec qui ça se passait plutôt bien. J'étais heureux qu'elle prenne du plaisir à courir.

15.

Le prof de maths m'appelle et je lève la main. Il dépose ma copie sur la table, face retournée. Je n'ai pas envie de regarder ma note, je sais que j'ai raté le dernier exercice. J'avais bien bossé pourtant, mais après deux ou trois calculs, je me suis emmêlé les pinceaux.

Dix-sept et demi sur vingt, je m'en doutais. Non, ce n'est pas trop mal, mais d'habitude, j'ai dix-neuf ou vingt, ça va me faire baisser la moyenne !

Tu n'aurais jamais réussi de toute façon ! Tu te fais des illusions.

Enfin, il faut vraiment que j'arrête d'être égoïste, parce que dans la classe, la plupart des élèves ont une moins bonne note que moi.

Je regarde Inès, elle a l'air dépitée. Les maths n'ont jamais été son truc, à vrai dire. Elle va m'en vouloir si je lui dis ma note. J'évite d'en parler.

Petite question : vous savez comment les jeunes désignent les premiers de la classe ? Ce sont les « intellos ». Et pour moi, ç'a toujours été une angoisse d'être rejetée à cause de mes bonnes notes. Du coup, j'essaie de jouer sur tous les tableaux, de concilier amis et travail. Je ne veux pas que mes résultats faiblissent, mais je ne veux pas non plus qu'on me trouve ennuyeuse ou obsédée par les cours. Qu'on me dise que je ne sais pas m'amuser. Je préfère prouver en permanence que je peux tout assurer et m'adapter.

— Oh, non ! On a piscine la semaine prochaine. Je n'ai pas envie !

Depuis quelques semaines, on en parle souvent avec Inès, et ce midi je n'ai pas pu m'empêcher de le dire à nouveau. Le maillot de bain est une véritable torture. L'été, je suis hyper complexée, et là, c'est pire, il y a toute la classe et même une autre première S.

— En plus, dans l'autre classe, elles sont toutes super bien foutues, le truc qui te met bien mal à l'aise ! me lance Inès d'un air dégoûté.

En effet, elles sont les « populaires » du lycée, avec leurs cuisses toutes fines, leur belle poitrine, elles ont vraiment de la chance ! Je suis certaine qu'avec 2 ou 3 kilos de moins, je serais toujours plus grosse qu'elles.

C'est vrai, elles sont dix mille fois mieux que toi !

La vie est injuste. D'ailleurs, j'en suis où avec ma ligne, là ? Je viens de manger plus de la moitié des lasagnes du self, pleines de gras, et Inès… euh… Inès adore les lasagnes et elle vient de prendre son yaourt sans les avoir finies. C'est quoi le problème ? Elle fait un régime ou quoi ? Elle doit sûrement complexer pour la piscine, mais bon elle est vraiment bien faite et belle. Elle n'a rien à changer, pourquoi elle fait ça ? Je vais être encore plus mal à côté d'elle…

Le reste de la journée on s'amuse à comparer les filles du lycée. On est surprises de voir à quel point la plupart sont fines. C'est dingue, je me sens tellement énorme à côté.

À 16 heures, je rejoins Eyvan devant le lycée, on a pris l'habitude d'aller chez lui le vendredi soir. C'est toujours super sympa ! On navigue entre sa chambre et le salon, toujours à se chercher l'un et l'autre. Je le charrie sur toutes les choses qui se trouvent dans sa chambre. Je lui fais part de mes bonnes notes, ce qui l'agace beaucoup car il ne gère pas aussi bien. Mais je ne doute pas de ses capacités, c'est juste qu'il est plus flemmard que travailleur.

Mon téléphone sonne. Mince ! Ce doit être Maman qui vient me chercher, j'ai zappé l'heure !

— Allô ?

— Oui Solène, je suis désolée, j'aurai un peu de retard. J'arrive dans dix minutes.

Ouf ! Au moins, je n'ai pas à me dépêcher pour dire au revoir à Eyvan – je n'aime pas du tout ça.

Il pose sa main sur ma cuisse, c'est mignon mais je ne vis pas bien le fait que l'on touche mes parties « complexées ». Sa main me fait l'effet d'une prison, ce contact m'est insupportable. Je n'aime pas le repousser, pourtant, là, je suis obligée, mon mal-être est trop grand.

— Tu peux enlever ta main, s'te plaît ?

— Oh là là, madame ne veut pas qu'on touche ses grosses cuisses !

C'est sûr, il veut juste me taquiner, je le vois bien à son petit sourire. Du coup, je m'efforce de faire de même mais sa phrase résonne en moi. C'est comme s'il le pensait vraiment. Évidemment, je n'aime pas mes cuisses, pourquoi quelqu'un d'autre les aimerait ? Je suis pathétique à me bercer d'illusions comme ça.

16.

C'est le 25 décembre. Aujourd'hui, tout est merveilleux ! Toute la famille est réunie à la maison, c'est hyper convivial. Je suis heureuse que tout se passe bien. On a vraiment de la chance, ce n'est pas la même chose chez tout le monde. Au moment de l'apéritif, je savoure l'ouverture des cadeaux. Mon petit cousin est trop mignon. Il découvre sa boîte de Lego avec des yeux qui brillent. C'est la magie de Noël ! Comme à chaque fois, les grands-parents me demandent si à l'école ça marche bien. Eh oui, ce sont tous les mêmes ! Je réponds bien sûr par l'affirmative, mais je ne m'étends pas sur le sujet.

— Ah, mais même plus que bien, elle est encore première de sa classe ! ajoute Maman.

Elle est vraiment adorable de me valoriser à ce point. Mais pas de traitement de faveur : mon frère et mes cousins, qui ont autant de mérite que moi, sont félicités à leur tour.

Après le déballage sans ménagement des paquets enveloppés de beaux papiers et la découverte des cadeaux, on passe à table.

Le traditionnel foie gras arrive et je me propose pour aider au service. Au passage, j'en profite pour ne prendre qu'une petite tranche. J'avoue qu'hier, avant de dormir, je n'ai pas pu m'empêcher de regarder les calories de ce genre d'aliments, et le nombre fait peur ! Oui, j'adore ça, mais m'engraisser, non merci, ce ne sont que des calories inutiles ! Je le coupe par petits bouts pour savourer, je ne veux pas en reprendre. Mais plus je le coupe, et plus je mange de pain, c'est le piège ! La panière est presque vide, j'ai déjà mangé mon bout, je préfère en laisser pour les autres. Tant pis, je finis mon foie gras sans pain.

Mon frère, lui, est en train de se resservir. Il en a déjà mangé pas mal, il doit se régaler. Quand il finit son toast, je lui tends immédiatement la dernière tranche de pain, qu'il accepte. Le nourrir me donne l'impression de manger par procuration. C'est très bizarre, mais je ressens une vraie satisfaction à le voir se faire plaisir comme ça.

— Hou-hou, Solène ?

Je lève la tête et je vois Papa qui me regarde bizarrement. Je n'ai pas vraiment écouté, il devait me parler.

— Quoi ?

— Tu en reprends ou pas ?

— Non, non, c'est bon !

Je me dis que déjà, ce que j'ai mangé, c'est énorme ; je me laisse aller, je fais n'importe quoi !

Les grands-parents sont rentrés chez eux. Mon frère et mes cousins testent leurs nouveaux jeux de PlayStation.

Papa est parti ramener mon arrière-grand-mère à la maison de retraite, et Maman et Tatie font la vaisselle. Je les rejoins, c'est sympa de papoter avec elles. Maman me demande si j'ai aimé ses truffes au chocolat… Bien sûr, j'ai évité d'y goûter, ce n'est que de la matière grasse. Je n'aime pas du tout lui mentir, mais je suis obligée : je ne veux pas la vexer. Et puis les autres années elles étaient bonnes, donc ce n'est qu'un demi-mensonge. Tatie me dévisage en essuyant les couverts. Mais pourquoi elle me scrute comme ça ? Je vois son regard sur l'ensemble de mon corps… Mais qu'est-ce que j'ai ? Puis d'un coup elle me dit :

— Comme tu as minci, Solène, c'est vraiment flagrant !

Je suis super gênée ; je suis contente que ça se voie un peu, mais quelque chose me dit qu'elle n'est pas sincère. J'ai failli prendre sa remarque pour un compliment jusqu'à ce que je me rappelle celle d'Eyvan il y a quelques semaines. Mais oui, évidemment, elle est bien plus fine que moi ; tout ce qu'elle a voulu dire, c'est que je suis un peu moins grosse. C'est vrai que j'ai perdu un peu des hanches mais ce n'est pas comme si j'étais mince. Au lycée, les trois quarts des filles sont bien mieux faites que moi. En plus, je vais redevenir comme avant avec tous ces repas de fête… Maman ajoute :

— Elle fait tellement de sport aussi, elle n'arrête pas ! Je la trouve presque trop maigre.

N'importe quoi… Trop maigre ! C'est la meilleure ! Traite-moi d'anorexique pendant que tu y es !

Ne l'écoute pas, elle ne comprend pas, personne ne comprend… Tu as encore du chemin à faire.

Je sais bien comment je suis, je me vois dans le miroir. OK, j'ai perdu quelques formes, mais il ne faudrait pas exagérer.

Je me retiens néanmoins de répondre, je préfère me taire et éviter toute discussion. En effet, je ne voudrais pas qu'on me fasse remarquer que ma nouvelle hygiène de vie est trop draconienne, qu'on m'oblige à l'assouplir. Pour moi, c'est encore loin d'être suffisant, j'ai envie de continuer, je *dois* continuer !

Mon frère et mon petit cousin se jettent sur moi pour me réveiller. Il est quelle heure ? Ah, oui, déjà 9 h 30 ! Je me réveille de bonne humeur. On descend tous pour le petit déjeuner.

Papa et mon oncle prévoient d'aller courir. Tiens, si j'allais avec eux ? D'autant plus que j'ai de l'entraînement…

— Tu veux venir avec nous ? demande justement mon père.

Je sens une pointe d'ironie dans sa question. Il croit que je vais préférer, comme à chacune de nos retrouvailles, rester avec mes cousins et profiter de leur compagnie. Mais moi, je ne rigole pas du tout. Pourquoi refuser ?

En plus, j'ai mon bol de céréales sous les yeux, il est à moitié vide, synonyme de tout ce sucre déjà englouti. Allez, c'est parti.

Gilles.

Ce matin, nous nous étions motivés pour aller faire un petit footing avec mon beau-frère, histoire de faire semblant d'éliminer un peu tous ces excès de repas de fêtes. Solène avait décidé de venir avec nous, alors j'avais dit en plaisantant qu'elle risquait de nous laisser sur place, vu les résultats de sa dernière course.

Mais ce jour-là, je n'ai pas compris ce qui s'est passé, c'est elle qui a peiné à nous suivre, alors que nous allions vraiment doucement. Elle n'avait pas l'air en forme du tout, je me suis dit qu'elle devait couver quelque chose.

17.

La poubelle déborde, c'est le troisième paquet de mouchoirs que je finis. Allongée sur mon lit, je regrette tellement. Voilà trois jours que je ne supporte plus mes repas. Avant-hier, Maman avait fait un bon gâteau aux pépites de chocolat, j'en ai pris deux parts pour faire comme tout le monde, mais elles me sont restées en tête… Hier, Inès a voulu qu'on mange une pizza en ville, je savais que ce n'était pas bien, mais je n'ai pas osé le lui refuser. Bien sûr je n'ai pas fini la mienne, mais quand même, ce n'était vraiment que du gras. Aujourd'hui on a dîné chez Mamie et comme elle cuisine très bien, c'était encore un plat très calorique. C'est horrible : après chacun de ces repas je me suis fait vomir. J'ai tellement honte, je me jure de ne pas recommencer. Je n'en parlerai pas.

Le pire, c'est que cela ne marche même pas : en début de semaine j'étais à 42,8 kilos, et ce soir à 43. Bon, je me ressaisis, j'arrête de pleurer, ce n'est pas si grave, les vomissements m'ont juste évité de prendre trop. Et puis, après réflexion, ce poids me convient, je ne vais pas chercher à en perdre plus.

Il y a une semaine, je remplissais la poubelle de mouchoirs, aujourd'hui c'est ma chambre. Je n'en peux plus, qu'est-ce que j'ai fait ? Pourquoi je n'arrive à rien ? Pourquoi on me laisse tomber comme ça ? Tout à l'heure en sortant des cours, Eyvan m'a évitée, j'ai envoyé un SMS pour essayer de comprendre, et d'un coup tout a été clair quand il m'a répondu : « Je suis désolé, je sais que ça va te faire du mal, mais je dois te dire quelque chose… » J'ai compris tout de suite. Il me quittait. C'était fini. Notre « nous » n'était plus rien…

Je ne m'attendais pas à ça, c'est vrai qu'il était un peu plus distant cette dernière semaine, j'aurais dû y penser. Il me jure que ce n'est pas moi le problème, que ce sont juste ses sentiments qui ont changé, évolué, mais j'ai beaucoup de mal à le croire.

Je n'ai pas eu la force d'aller à l'entraînement de basket. Je me sens tellement nulle. À Noël, toute la famille me parlait de ce fameux petit copain, je vais passer pour quoi ?

Et puis j'ai été nulle, affreusement bête. Comment pouvait-il s'intéresser à une fille comme moi, alors que les filles de sa classe, celles qui ont son âge, sont tellement mieux que moi ? Pourquoi j'y ai cru ? Je suis ridicule, il ne m'a jamais aimée, c'est aussi simple que ça.

Maman entre dans ma chambre, sa présence me fait du bien. Les câlins avec les parents, forcément j'ai un peu perdu l'habitude, mais là c'est nécessaire. Maman essaie de me rassurer comme elle peut :

— Tu sais, il y en aura d'autres, ce n'est pas le premier, ce ne sera pas le dernier, tout le monde connaît des chagrins d'amour, tu as tout le temps de trouver le bon. Et puis, même si ce n'est pas ce que tu ressens pour le moment, ce n'est pas la fin du monde. Je te jure, dans quelque temps, tu l'auras oublié.

C'est vrai, je sais que ce n'est pas si grave. D'un coup, je me sens un peu égoïste de me plaindre alors que j'ai tout pour moi, et d'inquiéter mes parents pour ça. Mais c'est plus fort que moi, je suis tellement mal, je l'aimais vraiment. Je ne le méritais pas, c'est tout !

Les jours passent, j'évite d'embêter mes amies avec cette histoire. Je ne suis pas la seule à avoir des problèmes de cœur. Alors, bien sûr, elles s'inquiètent pour moi, mais à chaque fois qu'elles commencent à aborder le sujet, je préfère leur demander de parler d'autre chose. Je sais que les larmes ne sont pas loin et je ne veux pas craquer devant les autres. Ça fait partie de mon caractère, je suis plutôt pudique et je n'aime pas avoir la sensation d'être pesante pour mon entourage. Mes amies, qui me connaissent par cœur, l'ont bien compris et respectent ma volonté. Il me suffit d'un regard pour savoir que, de toute façon, elles sont là pour moi.

Cette après-midi, c'est piscine, après trois semaines d'arrêt du fait des vacances. Je n'ai aucune envie d'y aller. Dans le vestiaire je vois que certaines filles de ma classe m'observent. Je suis si laide !

— Comme tu es maigre ! me dit tout à coup l'une d'entre elles.

Je ne réponds pas, elles sont toutes fines, je ne le suis pas plus qu'elles. Je me sens mal. Pourquoi elles me regardent ? Je suis déjà assez complexée comme ça. C'est un enfer, j'ai hâte que ces deux heures se terminent.

À 16 heures, je sors de la piscine avec mes cheveux mouillés. Il fait froid, je suis frigorifiée. J'aperçois Eyvan qui traverse le passage piéton. Il y a peu, c'était à deux qu'on traversait…

Il ne veut pas de toi, personne ne veut de toi.

18.

J'ouvre les yeux, il est 3 h 52 du matin, je dois regarder quelque chose sur Internet. J'allume mon iPhone. Je réfléchis quelques secondes avant de taper dans la barre de recherche « anorexie définition ». Non, je ne pense pas être anorexique, je suis à présent peut-être mince, mais il y a des différences, tout de même. Et puis j'ai horreur de la maigreur !

Anorexie : maladie de la catégorie des troubles du comportement alimentaire.

J'éteins subitement mon portable. Non, c'est ridicule, je ne suis pas malade ; si je veux, je le reprends, ce poids. Et puis je suis bien comme ça !

Bien sûr, je n'arrive pas à me rendormir et je déteste perdre mon temps. Et si j'éliminais un peu les pâtes de ce soir ? Ce serait raisonnable, non ?

Mon tapis en place, j'enchaîne des séries d'abdos et de gainage, je continue encore et encore jusqu'à être complètement épuisée. Il faut se battre pour être parfaite.

Continue encore, c'est comme si tu n'avais rien fait.

Après cette nuit éprouvante, ma journée n'est pas terrible. Au moment du repas, je suis au self avec Inès, et je lorgne sur un gâteau qui me semble délicieux sur le présentoir. Mais non, ce serait une erreur, je ne peux pas me le permettre. Et même si mon estomac crie famine, je commence à m'habituer à ce qu'il soit vide. En réalité, je ne ressens plus vraiment la douleur que je m'impose. Maintenant, le mental passe avant et je suis simplement fière de ne pas craquer. Sentir mon estomac en souffrance est pour moi devenu un signe de réussite : ça signifie que je parviens à tenir mes objectifs ! Et grâce à ça, j'ai la sensation d'être plus libre et confiante.

Assise en face de moi, Inès me demande si ce week-end on assiste au match de basket. Je lui explique que ma rupture est encore super difficile pour moi et que je n'ai pas envie de sortir.

— Mais si, viens ! Et tu sais quoi ? on ira manger ensemble en ville avant, et je dirai aux copains de venir, cela te changera les idées.

— Non ! je lui réponds froidement.

Il y a quelques mois, j'aurais adoré l'idée, mais à présent ça me rend dingue qu'un repas bourré de calories soit censé me consoler !

Inès me regarde bizarrement. Mais qu'est-ce que j'ai ? Pourquoi je suis sèche comme ça avec elle ? Elle a juste voulu me faire plaisir, m'aider, et moi je la rejette. Je ne me reconnais plus.

Nous voilà en cours de SVT, le prof est bien et assez cool. Il fait souvent des blagues. On commence un TP sur la vitesse de propagation des ondes dans la matière. Il y a différents matériaux qu'il faut mesurer, peser. Inès et moi devons nous occuper du marbre. Le prof nous sort un pèse-personne car ce matériau est trop lourd pour les autres balances. Je commence à peser le bloc seul, mais le prof m'interpelle :

— Ah, non ! Il faut d'abord se peser sans le marbre et après avec le marbre, c'est bien plus précis.

Soudain prise de panique, je m'exclame :

— Vas-y, Inès.

— Non, non, c'est bon.

— Non, je n'aime pas trop voir mon poids.

— Tu rigoles ? Tu as vu comme tu es mince ?

Je ne comprends pas pourquoi elle insiste. Pourquoi elle ne voit pas que ce qu'elle me demande est au-dessus de mes forces. Pourquoi elle ne m'aide pas à me sortir de cette situation en le faisant elle-même…

En tout cas, il est hors de question qu'elle voie mon poids, sinon elle va s'inquiéter, mais je ne peux pas non plus refuser, sinon elle va se douter de quelque chose. En effet, jusqu'à présent, elle a bien sûr remarqué que j'avais perdu quelques formes, mais mes gros pulls, dans l'ensemble, cachent bien mes efforts. Et je sais parfaitement que si elle voit le chiffre qui va s'afficher sur la balance, elle saisira l'occasion pour me faire une leçon de morale, me dire qu'il faut que je me remette à manger… Or ce n'est pas ce dont j'ai envie, il n'est pas question que je m'arrête si près du but…

Alors, dès qu'elle a le dos tourné, je monte vite fait sur la balance et lui annonce que le bloc pèse quatre kilos. Je suis soulagée. Je retourne à ma place et je glisse légèrement sur mon sac. Ma hanche se cogne contre le bureau dans un bruit sourd.

— Solène, tu n'as plus que la peau et les os !

C'est faux, tu es boudinée, elle te ment.

Mais pourquoi elle me mentirait ? À moins qu'elle veuille que je sois plus grosse qu'elle ? Aurait-elle peur que je sois mieux qu'elle, que j'attire plus l'attention qu'elle ? Je ne vois pas d'autre explication. Ma tête va exploser à force de réfléchir. Inès ne me ferait jamais ça ! Elle n'est ni jalouse, ni méchante – seulement inquiète, j'imagine.

Tu rêves, tu crois que c'est pour quoi, quand elle te propose une pizza ?

19.

C'est dingue à quel point une personne peut nous manquer !

Je n'ai pas arrêté de penser à Eyvan depuis que nous sommes séparés. Je cherche sans cesse à quel moment j'ai mal agi. J'ai beau réfléchir, je ne trouve pas... Tout le monde me dit que c'est juste une histoire de sentiments, que l'amour ça ne se contrôle pas. Pourtant, il s'intéressait à moi au début... Alors qu'est-ce qui a changé tout d'un coup pour qu'il n'ait plus envie de cette relation avec moi ?

Tu es naïve, tu n'es ni mince, ni belle, mais énorme et immonde.

Hier soir nous étions à la pizzeria avec toute la bande. Ç'a été horrible ! Rien qu'en regardant ce gras, cette huile, ce fromage dégoulinant, j'avais l'impression de grossir. Je ne pouvais pas, devant tout le monde, laisser ma pizza, j'ai donc essayé d'être discrète en mettant la moitié de mon assiette sur le côté. Évidemment, Inès l'a remarqué et j'ai mis mon manque d'appétit sur le compte de la rupture. Ensuite, j'ai vu les garçons engloutir une glace après leur pizza ; moi je n'ai pas besoin de dessert.

On ne mange pas n'importe quoi quand on a des kilos en trop, pas même une pizza !

Je suis horriblement mal.

Toute la nuit j'ai mal dormi, la pizza m'a trotté dans la tête... Cette après-midi, je suis ravie d'avoir un match de basket qui va me permettre d'éliminer mon excès d'hier soir.

Avant de partir, Maman me propose des pâtes et un steak. Je refuse pour le steak en prétextant avoir trop mangé au petit déjeuner. En réalité, ce matin, j'ai fait semblant de dormir quand Papa m'a appelée pour passer à table. Je m'en veux tellement d'être obligée de leur mentir.

Quelques heures plus tard, sur le terrain, mes coéquipières et moi sommes toutes super excitées car il s'agit d'un match important. Dès l'échauffement, je me sens lourde, endormie, perdue, comme si j'étais loin des autres... Mais je dois prouver à tout le monde que je mérite ma place dans l'équipe, alors je suis prête à tout pour y arriver et je commence plus déterminée que jamais. J'ai le ventre noué, est-ce le stress ou la faim ? Le regard des spectateurs est perturbant, ça me met la pression. Il y a les parents, nos copains, les autres équipes. Je n'ai pas le droit de décevoir. Pourtant, plus je cours, plus je me donne sur le terrain, plus j'ai l'impression d'être nulle ; mes mouvements sont lents et maladroits. Je regarde mes coéquipières attentivement, si elles y arrivent, pourquoi pas moi ?

Parce que tu es fainéante, parce que tu es lourde et faible.

Malgré la souffrance, je ne lâche rien. De toute façon, elle est certainement le meilleur moyen de tout contrôler, puisque je me suis rendu compte que, quand tout allait bien, je ne cherchais plus à m'améliorer. Or, il faut que je devienne meilleure si je veux être heureuse, si je veux être la jeune fille que je souhaite devenir. Je dois donc accepter de souffrir...

Le coach, du haut de sa petite vingtaine d'années, me chasse de mes pensées :

— Solène, bouge-toi ! Tu es toute molle, là, réagis !

Sa critique me déchire, m'explose le cœur, la tête, mon corps tout entier. Comment puis-je être aussi endormie, je vais me donner davantage !

Tu vas échouer, tu ne t'es pas assez entraînée.

Finalement nous gagnons le match. Les filles ont toutes un grand sourire et, quand l'une d'elles vient vers moi, je tourne la tête. Les larmes montent, je ne parviens pas à les cacher. Marie me regarde, l'air aussi triste que moi, je sais qu'elle comprend mon sentiment d'échec. Nous sommes pareilles sur ce point, nous n'aimons pas décevoir nos coéquipières. Nous supportons mal de ne pas être à la hauteur durant un match, ça nous donne la sensation d'être inutiles...

Je ne le lui dis pas assez, mais je trouve que cette fille est géniale. Depuis nos premières années de basket, on fait toujours ensemble les exercices en binôme. Je sais qu'elle ne m'abandonnera pour rien au monde.

Elle me prend dans ses bras.

— Marie, j'ai été nulle...

— Ce n'est pas grave, Soso, ça arrive. Par contre, je ne te trouve vraiment pas en forme. Tu sais que je suis là si tu veux parler.

— Non, non, ça va. C'est seulement parce que le coach m'a dit que j'étais molle. Ce n'est pourtant pas méchant, mais ses paroles m'ont blessée. Je me les passe en boucle dans ma tête.

— Il faut pas, ma Soso. Tu connais le coach, il est impulsif et il adore la compétition. En plus, il croit tellement en nous qu'il ne se rend pas tout le temps compte de la pression qu'il nous met. Dans ces moments, il ne fait pas tellement attention à notre fatigue et à nos états d'âme, mais je suis certaine qu'il ne voulait pas te faire de peine. Allez, ne baisse pas les bras, tu feras mieux la prochaine fois, je sais que tu es forte !

Les paroles de Marie m'apaisent, mais quand elle me dit que je suis forte, je n'en suis pas aussi sûre qu'elle… La moindre critique me brise le cœur et me rend très malheureuse.

J'ai mal au ventre, c'est sûrement toutes ces émotions, ce stress… À moins que ce ne soit la faim ? Non, c'est impossible !

Après chaque match, nous avons des goûters avec des gâteaux maison. Je me débrouille pour ne pas en prendre bien qu'ils aient l'air excellents.

Hors de question, tu n'as pas besoin de ça !

Marie s'en sert une deuxième part, je me sens bizarre. Au fond de moi, je voudrais être à sa place en train de me régaler, surtout qu'elle n'est pas du tout grosse, elle est même très mince, jolie… et heureuse !

Tu as moins couru qu'elle, tu ne mérites pas de manger.

Gilles.

Ce match de basket a été un vrai calvaire pour Solène. Elle qui pétait la forme il n'y a pas si longtemps, on aurait dit qu'elle n'avait plus d'énergie, elle était toute pâlotte. Elle n'a jamais aimé décevoir et veut toujours bien faire ; j'ai senti qu'elle allait être désespérée à la fin de ce match. J'aurais voulu ne pas être là, je n'aime pas la voir si triste.

Isabelle.

Cela faisait quelque temps que, sans savoir expliquer pourquoi, j'avais l'impression que quelque chose clochait. Un peu comme si j'avais pressenti un cataclysme imminent, sans pour autant parvenir à l'identifier. Régulièrement, je me réveillais en sursaut au milieu de la nuit, angoissée.

En fait, j'étais perturbée par l'amaigrissement de Solène, dont j'avais maintenant bien conscience. D'autant que je la trouvais fatiguée, très blanche et frileuse. Le radiateur de sa chambre était réglé au maximum et, alors que la chaleur me faisait suffoquer, elle ne semblait jamais réussir à se réchauffer !

Je me suis pourtant dit que je devais me faire des idées, que les choses allaient rentrer naturellement dans l'ordre et que ce n'était pas la peine que j'en parle à mon mari. Le pauvre, il était déjà bien assez inquiet à cause des problèmes de santé de son père, je n'allais pas lui en rajouter !

20.

Le lundi, durant la pause de midi, Inès, bouleversée, me parle de sa relation avec Enzo. Je tente, tant bien que mal, de la rassurer sur les sentiments de ce dernier ; il l'aime, c'est évident.

Pour le déjeuner, il y a du gratin dauphinois, je regarde toute cette crème inutile… Maintenant que tout le monde me dit que je suis mince, je vais devoir tout faire pour le rester et surveiller ce que je mange. J'avale donc seulement quelques pommes de terre en prenant soin d'enlever le maximum de crème.

Tu vas le regretter, tu es déjà affreuse.

Cette voix dans ma tête est infernale.

Je regarde Inès, qui n'a pas fini non plus. Mais pourquoi elle ne mange pas ? Ça doit être vraiment super gras !

Mon amie recommence à me parler d'Enzo. Elle pense beaucoup à lui, ce qui est normal. Est-ce qu'elle se rend compte que je vais mal, à quel point je suis perdue, effrayée ? Peut-être qu'elle n'ose pas aborder le sujet…

De toute façon, tu ne mérites pas tes amis, tu as déjà de la chance de ne pas être seule.

Cette voix m'empêche de lui confier mon désarroi. J'ai peur qu'en lui faisant des confidences elle me force à manger, d'autant qu'elle ne mange pas beaucoup plus que moi.

En fait, j'ai le sentiment que personne ne peut vraiment me comprendre, que personne n'est capable d'entendre que si je fais tout ça, c'est pour être mieux dans mon corps. Je me sens terriblement seule depuis quelque temps et j'aimerais parler, me confier, mais quelque chose me bloque… Encore et toujours…

Ne le lui dis pas, regarde comme elle est fine.

Lors du cours de SVT, après une heure trente de concentration, j'espère avoir tout compris. Le travail sur la géologie est assez complexe, et ça me stresse un peu. Déjà que ma moyenne dans cette matière n'a jamais dépassé seize, là ça va être la catastrophe. Je reverrai tout ce soir car, lorsqu'on est la fille qui a toujours des bonnes notes, on ne peut pas se laisser aller ! Tout ce que je veux, dans le fond, c'est garder la maîtrise de quelque chose et ne pas, là encore, me sentir dépassée par les événements.

Et si c'est aussi important pour moi, c'est parce que, contrairement à ce que je pensais, je me rends bien compte que je n'ai plus aucun contrôle sur ma vie et sur mon corps. C'est un véritable échec… Ce mal-être constant que je ressens me prouve bien que j'ai encore un bon bout de chemin à parcourir avant de m'accepter. Je suis un peu perdue… C'est comme si tous mes efforts ne servaient à rien. J'ai l'impression que tout m'échappe.

Le prof reprend la parole en nous disant que nous n'avons rien à faire pour la semaine prochaine. Tout le monde pousse un soupir de soulagement et, l'espace d'une seconde, je me dis que moi aussi je devrais peut-être me reposer.

Certainement pas ! Tu es fainéante, fainéante, fainéante !

— Monsieur, vous aviez promis des bonbons la semaine dernière ! s'écrie un camarade de classe.

— Décidément vous n'oubliez jamais rien ! rigole-t-il.

La boîte commence à faire le tour de la classe, mon cœur s'accélère au fur et à mesure qu'elle se rapproche de moi. Lorsque je l'ai dans les mains, l'odeur sucrée me met l'eau à la bouche. Que faire ? Je saisis avec effroi un ourson en gélatine, le plus petit possible.

Tu n'as pas besoin de ça ! Non, même une bouchée serait une mauvaise idée.

Je m'assure qu'Inès ne me regarde pas et glisse discrètement le bonbon dans ma trousse. J'en ai tellement marre de me cacher, de mentir à tout le monde, je suis à bout, épuisée…

Ce soir, comme à mon habitude, je me pèse : 39 kilos. Ça fait bizarre d'être en dessous des 40 kilos et que rien ne se voit. Avec mon ordinateur, j'ouvre le site lescalories.com et calcule, comme chaque jour également depuis un mois, ce que représente mon repas. Sept cents kilocalories ! Mon Dieu, c'est énorme, il va falloir se limiter au dîner. Disons pas plus de trois cents !

En allant mettre mon pyjama, je passe devant le miroir. Le temps d'une seconde j'y aperçois une fille pâle et maigre, puis d'un coup, je reprends mes esprits, et l'image d'une fille bien trop épaisse se superpose. Comment est-ce possible après tous ces efforts alimentaires ?

Boudinée, affreuse, gourmande !

De ma chambre, en plein exercice de maths, j'entends mon frère qui se met à courir dans le couloir en criant : « Quoi ? »

Maman a dû dire quelque chose et je n'ai rien entendu. Elle répète un peu plus fort :

— Je pars au cinéma, je vous ai fait des quenelles pour ce soir, elles sont dans le four, sinon il reste quelques pâtes et du jambon ! À tout à l'heure, mes amours.

— OK, répond Lucas en retournant dans sa chambre.

Il est 19 h 45. Maman a dû manger avant de partir, enfin je l'espère. Je vais quand même vérifier... C'est étrange, mais j'ai souvent besoin de m'assurer qu'elle se nourrit correctement. Ça me soulage. D'une manière générale, j'ai même remarqué que le fait de savoir que les autres mangent à leur faim suffit à combler mon estomac vide. C'est un phénomène que je ne m'explique pas...

Quand j'arrive dans la cuisine, je vois que les quenelles n'ont pas été entamées. Peut-être a-t-elle mangé du jambon ? Je cherche désespérément une assiette sale mais pas la moindre trace. Peut-être qu'elle a prévu de manger en rentrant ? Non, ce n'est pas son genre. J'ouvre la poubelle et aperçois des épluchures de clémentine. Elle n'a mangé que ça ? Je suis chassée de mes pensées par l'arrivée de Papa. La table étant mise, il appelle Lucas et on s'installe tous les trois.

Mon frère se sert direct des quenelles, Papa me sert et m'en propose trois.

— Non, deux pour l'instant, je verrai après...

C'est trop, ta mère n'a pas mangé autant ! Grosse vache !

Je termine mon assiette et Papa me regarde.

— Tu prends quoi, maintenant ? C'est juste pour savoir si je termine les pâtes ou si je t'en laisse.

— Non, je vais passer au yaourt, je n'ai pas très faim.

— Tu en es sûre ?

— Oui, j'ai fait un gros goûter tout à l'heure !

C'est évidemment faux. Je me déteste de mentir comme ça, j'ai l'impression de ne plus être moi-même. Je suis en train de changer, mais pas comme je le voudrais. Ça me perturbe énormément.

Est-ce que c'est ça, grandir ?

21.

Une superbe journée vient de passer malgré la fatigue et le froid. J'étais avec mes amies Inès et Coralie dans une ville un peu plus grande que la nôtre, pour faire du shopping. Je n'ai rien acheté à part un gros pull qui cache un peu mon corps. Tous les pantalons me grossissaient, j'ai laissé tomber. Nous sommes sur le trajet du retour dans le bus. Inès écoute de la musique et en même temps papote avec son copain par SMS. Je suis assise à côté de Coralie et on discute un peu.

— Vous avez gagné tous vos matchs au basket ? demande-t-elle.

— Oui, c'est cool, surtout qu'on ne fait aucun entraînement seules. Le mercredi, c'est avec vous, et le lundi, c'est avec les filles de Tierin.

— Ah, d'accord. Du coup, tu vois qui c'est, Juliette, qui a mon âge, dans l'équipe de Tierin ?

— Oui, elle est au lycée aussi, c'est ça ?

— Oui. Eh bien, elle est malade, enfin elle fait des journées à l'hôpital, car elle ne mange pas assez.

Je me demande pourquoi elle me dit ça, et si elle le fait exprès parce qu'elle a remarqué que je mangeais moins. Je suis très mal à l'aise et ne sais quoi répondre.

— En fait, elle est anorexique.

Anorexique ! Ce mot me glace le sang. Il s'infiltre dans tout mon corps.

Elle veut t'empêcher de réussir. Regarde-toi, tu es loin d'être maigre !

Mais non, ce n'est pas ce qui m'arrive, bien sûr que non, c'est ridicule.

Pourtant, impossible de fermer l'œil malgré mon épuisement. Je suis complètement perdue. J'ai beau être entourée de ma famille et de mes amis, je ne me suis jamais sentie aussi seule, comme si le monde s'écroulait autour de moi.

Je dois comprendre.

J'ouvre mon ordinateur et, pour la seconde fois, tape « anorexie ». Aussitôt apparaissent des sites traitant des troubles de l'alimentation. Je regarde un peu et le terme d'« anorexie mentale » m'intrigue. Je clique sur le lien :

L'anorexie mentale est une vraie maladie qui se manifeste souvent à l'adolescence et particulièrement chez les jeunes filles. La personne anorexique fait preuve d'un grand mal-être intérieur, la nourriture devient une obsession et le contrôle de son alimentation très important. Généralement elle veille à nourrir les autres sans se rendre compte que ce qu'elle mange n'est pas suffisant. La maladie provoque aussi une déformation de la vision du corps, ce qui fait que la personne anorexique ne se voit pas maigre…

Je m'arrête là. Alors, suis-je anorexique ? Non, je ne suis pas malade, je contrôle juste un peu pour ne pas prendre de poids. Et puis, en admettant que je le sois, comment le dire ? « Salut Maman, j'ai peur de manger, je fais quoi ? »

Non, non, c'est complètement absurde.

Tais-toi, personne ne peut comprendre.

Un soir, Maman me surprend avec une question inattendue :

— J'ai l'impression que tu n'as pas eu tes règles depuis longtemps, je me trompe ?

Mon cœur s'accélère, qu'est-ce que je suis censée répondre ?

Il est vrai que je n'ai plus mes règles depuis octobre, donc depuis quatre mois. Je me rappelle qu'à un moment, Eyvan s'est aussi étonné que je ne semble jamais les avoir. Mais quand je lui ai dit que c'était peut-être à cause de ma perte de poids, il n'y a pas cru. Ses paroles sont encore gravées dans ma mémoire : « Mais quand même, tu n'as pas perdu tant de poids que ça, si ? » Il faut dire qu'on ne se connaissait alors que depuis le mois de septembre et qu'à cette période j'avais déjà perdu quelques kilos. Il ne pouvait donc pas se rendre compte…

De mon côté, j'ai fini par me persuader que c'était sûrement lié à mes nouvelles habitudes alimentaires et à l'intensification de mon activité sportive. Et l'infirmière du lycée est allée dans mon sens quand j'ai évoqué le problème avec elle puisqu'elle m'a dit de ne pas m'inquiéter s'il y avait du retard, que ça pouvait être dû à un changement de morphologie, qu'il fallait un peu de temps pour que le corps s'habitue. Certaine que mes règles allaient revenir, j'ai donc fini par totalement occulter ce problème !

Maman attend une réponse et, complètement paniquée, je lui mens en affirmant que je n'ai plus mes règles depuis seulement deux mois.

Elle a l'air totalement abasourdie. En faisant mine de ne pas comprendre ce qui se passe, je bafouille quelques mots :

— Si elles ne reviennent pas j'irai peut-être voir le médecin, on verra dans quelque temps.

Je sens une énorme tension, un gros malaise. La conversation se termine sur les paroles de Maman :

— On ira pendant les vacances toutes proches.

Grosse erreur, tu vas tout faire échouer.

22.

— On va dehors, il fait trop chaud, tu viens ?

— Non, non, c'est bon, je vous attends là, je reste avec les garçons.

— D'accord, à tout à l'heure.

Inès et Coralie sortent un petit moment.

Ce soir, c'est la première soirée des vacances de février, et pour l'occasion, nous nous sommes tous retrouvés à la petite boîte de nuit locale.

Il y a davantage de monde que d'habitude. Je rejoins les garçons sur la piste de danse en essayant de me mettre dans le bain, mais je n'y arrive pas. Je n'ai vraiment pas la tête à ça. Je danse, mais je ne me sens pas à ma place, mes mouvements sont lents. Comment est-ce possible que je sois frigorifiée alors qu'ils ont tous très chaud ?

Parce que tu ne bouges pas, parce que tu es une fainéante.

En temps normal, je suis la première à chanter et à danser avec joie, à mettre l'ambiance. Je crois que j'ai la solution… Quelques verres en plus de vodka et tout ira comme sur des roulettes. Je me débrouille pour me les faire payer. Maintenant, je n'ai plus qu'à attendre vingt minutes et je pourrai enfin m'amuser.

Sauf que c'est l'effet contraire qui se produit. Au lieu de me mettre la pêche, l'alcool me donne un énorme mal de tête. Je danse avec Inès et Coralie, mais j'ai envie de rentrer. D'ailleurs, depuis qu'elles sont revenues, elles n'arrêtent pas de me demander si je vais bien. Partir n'est pas une option, ce n'est pas ce dont ont envie mes copines, et de toute façon, je n'aime pas qu'on change les programmes.

Au milieu des danseurs j'aperçois Juliette, sa maigreur me saute aux yeux et les paroles de Coralie me reviennent… elle est ANOREXIQUE !

Je dois lui parler, mais comment ? Et que lui dire ? Non, je ne peux pas, elle prend du bon temps, ce n'est pas le moment d'évoquer sa maladie. Avec une pointe de regret, je retourne vers mes amis et fais comme si tout allait bien.

On me paie à nouveau un verre et la soirée continue.

Je me dirige vers les toilettes quand une voix m'interpelle :

— Solène !

Je tourne la tête, ma vision devient floue, j'ai comme un petit vertige. Je reprends le contrôle de moi-même et Juliette me regarde, assise sur une banquette, toute seule, pâle, une bière à la main. Elle me propose de m'asseoir et me dit :

— Depuis tout à l'heure je cherche à te parler, mais je n'osais pas te déranger.

— Ah bon ? Moi aussi j'hésitais à venir… Tu vas mieux ?

— Au niveau du poids, un peu mieux, mais tout est encore difficile.

— J'espère que ça va rentrer dans l'ordre pour toi.

Je lui souris, mais je sens un malaise. Un silence s'installe jusqu'à ce qu'elle se lance :

— Je t'observe depuis tout à l'heure, tu n'as pas l'air en forme… Fais attention, Solène.

— Tu sais, j'ai un peu de mal à manger, mais je ne pense pas que ça soit aussi grave que toi.

— Solène, tu es maigre à faire peur, tu sembles épuisée et tu es tellement pâle. J'ai regardé tes photos sur Facebook l'autre jour, tu as perdu toutes tes couleurs.

— Sérieusement ? Je me vois encore tellement énorme !

— Moi aussi, tu sais. On n'y peut rien, c'est un des symptômes de l'anorexie. En as-tu parlé avec tes parents ?

— Non, je n'y arrive pas, j'ai peur qu'ils m'en veuillent. Ma mère se doute de quelque chose. Je vais les rendre tellement tristes !

— Vraiment, il faut que tu leur parles, n'attends pas de t'enfoncer encore plus, ou alors demande à une copine de le faire, comme ça s'est passé pour moi. Est-ce qu'Inès et Coralie sont au courant ?

— Non plus, j'ai peur de leur en parler.

— Tu peux leur faire confiance, elles t'aideront sûrement… Et dans le fond, je pense qu'elles le savent déjà, ajoute-t-elle avec un sourire triste.

— Mais je vais passer pour une folle, à dire que je n'arrive pas à manger !

— Ce n'est pas de ta faute, Solène, c'est une maladie !

Inès arrive en disant qu'il est l'heure de partir car son père nous attend dehors. Je regarde l'heure sur mon portable, il est déjà 4 h 30. J'ai parlé avec Juliette plus d'une heure. C'est dingue comme chacune de ses paroles me correspondait. Du coup, quand je la quitte, je suis très confuse : d'un côté, je me sens moins seule, j'ai entendu ce qu'elle me disait et je sais qu'elle a raison ; d'un autre, je trouve tout ça effrayant, je ne veux pas croire que j'aie vraiment un problème. En fait, pour la première fois, j'ai l'impression d'être malade… et ça me terrifie !

Elle m'a expliqué qu'elle aussi calculait les calories, qu'elle connaissait les apports de tous les aliments par cœur, qu'elle enchaînait les séries d'abdos dans sa chambre après chaque repas. Elle m'a raconté sa volonté de vouloir nourrir les autres. Elle m'a avoué avoir progressé, mais avoir encore besoin de l'aide de l'hôpital de jour. Un de ses conseils, c'est de cacher la balance. J'y penserai…

Le père d'Inès me dépose à la maison. J'entre en silence. J'ai la nausée. J'ai un peu bu, c'est vrai, mais je n'avais surtout rien mangé avant de partir…

Je me couche sans parvenir à trouver le sommeil malgré mon épuisement. Qu'est-ce que je vais faire ?

Tu n'es pas malade. Tu as vu tout ce que tu as bu ? L'alcool, c'est bourré de calories.

23.

Je suis en train d'installer mes affaires, de défaire ma valise. J'ai choisi de dormir avec Maman, Papa a proposé de dormir sur la mezzanine avec mon frère. Nous sommes arrivés il y a trente minutes dans une station de ski des Alpes, chez des amis qui ont un appartement et qui nous invitent pour trois jours. Les chambres attribuées et les combinaisons préparées pour le lendemain, on m'appelle pour l'apéritif. On me propose du Coca, des jus de fruits, et même un peu de vin blanc... Ça me fait envie mais je ne peux pas.

Après quelques discussions sur notre programme des prochains jours, ils font passer les biscuits apéritifs et je m'arrange pour ne pas en prendre. Mon père nous questionne :

— Vous devez avoir faim, on n'a pas beaucoup mangé sur le trajet...

— Oui ! répond mon frère avec enthousiasme, l'air affamé.

Je baisse la tête pour faire mine de ne pas avoir entendu. Je me sens un peu observée, alors je me force à prendre quelques cacahuètes pour ne pas attirer l'attention.

Ça te plaît de t'engraisser ? Ridicule.

Nous poursuivons par le repas, personne ne semble avoir remarqué ma privation de biscuits apéritifs.

Le lendemain, 10 h 15, les skis chaussés, on attaque notre première journée. Je suis étonnée de voir à quel point les skis sont lourds. Apparemment, il ne fait pas super froid, mais je suis gelée… Je ne vais pas commencer à me plaindre, c'est déjà adorable de nous inviter.

16 heures, je suis fatiguée, mais j'essaie de le cacher au mieux. J'ai eu quelques vertiges et Papa a l'air de le remarquer. Il faut dire qu'on n'a mangé qu'un gros petit déjeuner car on ne voulait pas gâcher la journée de ski. Les mamans ont promis un goûter conséquent en guise de repas.

— Alors, ça s'est bien passé ? demande Maman.

— Oui, oui, ça va, mais ça fatigue beaucoup. En plus, c'est pas avec les trois céréales que Solène a mangées ce matin qu'elle va tenir le coup ! répond Papa en me lançant un clin d'œil amusé, sans même s'apercevoir qu'il met le doigt sur un sujet sensible.

— Il faudra prendre davantage de forces avant de partir demain matin, alors. Déjà que tu es toute mince…, ajoute Maman à mon intention.

Les larmes me montent aux yeux, je les camoufle comme je peux… Leurs remarques me déchirent le cœur. Ils ne peuvent pas comprendre… Comment je vais faire ? J'ai beau entendre les conseils de Juliette, la peur qu'ils me trouvent nulle me hante…

— Je vous ai préparé des crêpes, les sportifs ! annonce Cathy, l'amie de mes parents. Ça va vous requinquer !

Non, non !

Lucas se sert et rajoute une énorme cuillerée de Nutella. Comment fait-il ? Je sais qu'il est tout mince, mais n'a-t-il jamais peur de toute cette huile ? Moi, elle m'effraie ! Je fais l'effort d'en prendre une, c'est déjà énorme, toutes ces calories inutiles. Je me débrouille pour ne pas me resservir sans que personne ne le remarque et je monte dans la chambre. Heureusement, mes devoirs sont là, ils me permettent d'oublier un peu toute cette nourriture, mais il est hors de question que je m'allonge dans le lit après avoir mangé, les bourrelets vont s'installer comme par magie. Autant ne pas perdre de temps : en position de gainage avec la feuille de français sous les yeux, j'essaie de tenir en apprenant le maximum. J'entends Maman dans l'escalier, je me remets vite dans le lit.

— Tu fais déjà tes devoirs ? Je croyais que tu lisais.

— Je viens juste de m'y mettre !

Je ne lui dis pas que j'y suis depuis plus d'une heure, je sais que ça l'inquiète que je m'accorde aussi peu de moments de détente.

La deuxième journée de ski vient de passer, je suis toujours aussi fatiguée et gelée. Papa propose que l'on s'arrête un moment au soleil, à la terrasse d'un snack, pour manger un petit bout. La carte est posée sur la table, je la saisis. Je suis en train de perdre la tête, je vais arrêter, je vais manger normalement, allez, ça me coûte quoi de manger ?

— Un hot dog avec des frites pour moi, Papa.

Hot dog, frites… Normal que tu sois grosse.

Tout d'un coup, ma motivation redescend, comment je vais faire ? Je ne peux tout de même pas laisser mon assiette pleine. Voilà, ça arrive, les frites sont brillantes, c'est répugnant. Miette par miette, je mange un peu de pain tout doucement et, dès que les garçons tournent la tête, j'abandonne des morceaux par terre que je recouvre de neige avec mon pied. Ils ne remarquent rien. Papa s'échappe vers le bar pour aller chercher un café, j'en profite.

— Lucas, tu veux mes frites ? Je n'ai pas super faim.

— Sérieux ? Ah ben oui, top !

Il dévore à pleine bouche toutes les frites de mon assiette, et Papa revient sans se rendre compte de quoi que ce soit. Il me reste la saucisse, que faire ? Je ne peux quand même pas la manger ! Après quelques secondes de réflexion, je dis à Papa qu'elle n'est pas bonne, et qu'on dirait du plastique. Il me croit, je suis soulagée.

En rentrant, j'ai pris une bonne douche. Ça fait vraiment du bien, je me suis réchauffée. Je me sens tellement légère, c'est rassurant. Nous sommes tous devant la télé, à plaisanter et à commenter des émissions ridicules. L'ambiance est sympa, nos rires donnent de la vie même si le mien a du mal à sortir. Je suis encore frustrée par le repas de ce midi et stressée par ce qui m'attend ce soir. D'ailleurs, les mamans sont en train de mettre la table. Pour nous faire plaisir, Maman a fait des lasagnes. Mes mains tremblent, je n'y arriverai pas, mais je le dois. Mon assiette est servie, elle me terrifie, mon cœur s'accélère, je n'ai pas le choix ! Jamais je n'oserais vexer ma mère. Je saisis ma fourchette et prends une petite bouchée.

Tu veux que tes efforts soient gâchés ? Tu n'as aucune volonté ou quoi ?

Je repousse mon assiette encore à moitié pleine et glisse discrètement le reste dans celle de mon frère. Lucas ne s'en rend même pas compte, ou du moins fait-il semblant de ne pas me voir faire. Il est très facile à vivre et je sais qu'il serait le dernier à poser des questions. En plus, j'ai de la chance, car nous sommes tous les deux en bout de table, et les parents se sont lancés dans une discussion très animée. Du coup, tout passe inaperçu !

Malgré tout, j'en ai marre de cacher mes problèmes alimentaires, j'ai l'impression que le monde s'écroule sous mes pieds. Je suis complètement perdue, quelque chose ne va vraiment pas chez moi. Je tente de me persuader que je garde le contrôle, mais la vérité, c'est que ma vie m'échappe.

24.

Juliette m'a décidée, je ne peux pas rester comme ça, c'est trop douloureux. J'ai beau me persuader que je vais bien, que je ne suis pas malade, je ne vais pas tenir longtemps dans cet état. Le chauffage est au maximum dans la voiture, mais j'ai toujours aussi froid. J'ai un nœud à l'estomac, le stress ne me quitte plus depuis que nous avons décidé avec Maman de consulter notre généraliste. Il me connaît depuis que je suis toute petite, j'ai confiance en lui.

Dans la salle d'attente, je ne sais pas quoi faire. Maman me propose d'aller seule dans le cabinet, mais je suis tétanisée. Que dire au médecin ? Simplement parler de mes règles ? Ou alors parler de ma peur de la nourriture ? Mais va-t-il me comprendre ? Autant de questions qui tournent en boucle dans ma tête.

En fait, la chose la plus inquiétante est la réaction de Maman ; j'ai peur qu'elle m'en veuille. Je vais lui faire du mal et, surtout, ça va être difficile d'annoncer le diagnostic à Papa. En fait, j'ai encore espoir de ne pas être malade. De toute façon, dans moins d'une heure, je serai fixée.

La porte s'ouvre, voilà le médecin. Maman me murmure :

— Tu y vas seule, c'est bon ?

J'acquiesce d'un hochement de tête. C'est bizarre, c'est la première fois qu'elle ne m'accompagne pas ; j'ai toujours trouvé sa présence rassurante. Aujourd'hui c'est différent, ce n'est pas seulement une question de rhume ou de nausées.

— Alors Solène, pourquoi viens-tu me voir ?

C'est dingue, mais depuis deux jours, je me répète encore et encore la phrase que je devrais lui dire, et là, je perds tous mes moyens, je ne trouve plus les mots. Je parviens à bafouiller de manière à peine audible :

— Je n'ai plus mes règles et… j'ai perdu un peu de poids. Je crois que… Je crois que ç'a un rapport mais…

Il me regarde toujours de la même façon, très professionnelle, aucune émotion n'est perceptible. J'attends, inquiète, de connaître ses prochaines paroles.

— Cette perte de poids est due à quoi, selon toi ?

Ne dis rien !

— Je… J'ai fait du sport, beaucoup, et puis…

Un silence s'installe, je baisse les yeux, je sens les larmes monter.

— J'ai du mal à manger, toutes les calories me font peur…

Tu as vraiment fait n'importe quoi. Idiote, stupide, voilà ce que tu es !

Le médecin m'ausculte assez rapidement puis me pèse : 38 kilos.

— Il va falloir mettre tes parents au courant. Tu m'autorises à aller chercher ta maman, maintenant ?

Après avoir murmuré un « oui », mon pouls s'accélère. Si jamais il me demande de l'annoncer moi-même, je ne vais pas y arriver. « Maman, j'ai peur de manger. » Non, c'est ridicule. La voilà. Elle s'installe sur son siège, l'air très soucieux. Heureusement, personne ne me demande de parler. Le docteur déclare :

— Il semblerait que Solène nous commence une anorexie mentale.

Anorexie ! Le mot me parcourt le corps, je tremble, je n'ose même pas regarder ma mère, j'ai honte. Comment ce régime a-t-il pu prendre de telles proportions ? Moi qui pensais tout contrôler... J'ai vraiment peur que les autres voient ça comme un caprice, une façon de me faire remarquer, d'accaparer l'attention...

Il dit n'importe quoi. Impossible !

Je relève doucement la tête... Maman souffre tellement... Je le vois dans ses beaux yeux bleus remplis de larmes. Je ne supporte pas de la rendre malheureuse.

Bravo ! Tu fais souffrir tout le monde. Tu aurais mieux fait de te taire !

Le médecin reprend :

— Je vais lui prescrire des antidépresseurs et des anxiolytiques, ensuite il va falloir consulter un spécialiste des troubles du comportement alimentaire au plus vite. Je ne vous cache pas que l'on ne guérit pas de l'anorexie rapidement, il va falloir plusieurs mois. Mais on en guérit, il ne faut pas s'inquiéter !

Les larmes de Maman deviennent de plus en plus grosses. Les antidépresseurs, c'est ce qu'elle craignait, mais il n'y a plus d'autre option. Pourquoi je suis si triste alors que j'ai tout pour être heureuse ? Au moins ce mal-être, cette voix ont enfin un nom : ANOREXIE.

Avant la visite chez le médecin, nous avions choisi, ma mère et moi, de ne rien dire à mon père, car il est déjà bien préoccupé par son travail et, surtout, par les problèmes de santé de son père. En effet, depuis quelque temps, mon grand-père doit subir des séances de chimiothérapie, car on lui a diagnostiqué un cancer du poumon. Malgré ça, un tel secret est désormais impossible à cacher. On a donc décidé de le lui dire dès que possible.

Arrivées à son cabinet, ma mère et moi nous installons, nous appréhendons toutes les deux cette discussion. Pour lui, la maladie va être un choc.

— Assieds-toi, on a quelque chose à te dire, avec Solène.

Il nous regarde, très inquiet. On lui explique pourquoi on est allées voir le médecin et ce qu'il en est du diagnostic. Il a l'air perdu, au bord des larmes. Les seuls mots qu'il peut prononcer sont :

— Tu ne nous en as jamais parlé… Pourquoi, ma puce ?

J'aimerais lui dire que ce n'est pas si simple, mais je fonds en larmes. L'ambiance entre nous, d'habitude si conviviale, devient très étrange.

Isabelle.

Sur le trajet du retour, nous avons toutes les deux été silencieuses, perdues dans nos pensées.

J'étais complètement sous le choc de l'annonce de notre généraliste. Je lui faisais entièrement confiance, je ne remettais pas en question son diagnostic, mais j'avais tellement de mal à y croire, tellement de mal à l'accepter !

Je me suis sentie vraiment idiote de ne pas y avoir pensé, surtout que j'avais lu plusieurs livres sur l'anorexie et que j'avais également regardé des reportages sur le sujet. Les questions se bousculaient dans ma tête. Pourquoi, pourquoi nous ?

C'est vrai qu'à la maison c'était généralement moi qui cuisinais, et j'étais assez soucieuse de l'équilibre alimentaire. Mais ce n'était pas dans une optique de régime. Je faisais simplement attention à notre santé…

Avais-je malgré moi entraîné Solène à surveiller son poids ? Avais-je dit des choses désobligeantes sur des personnes enveloppées qui auraient laissé supposer à Solène qu'il était inacceptable de grossir ?

Gilles.

Quand Solène et ma femme m'ont annoncé l'anorexie de notre fille, tout s'est écroulé autour de moi.

Je m'en suis énormément voulu. Accaparé par un boulot toujours plus envahissant, le grave problème de santé de mon père, le train-train du quotidien, je n'avais même pas vu le mal-être de ma petite puce. Même si elle avait tout fait pour nous le cacher, j'aurais dû comprendre que quelque chose n'allait pas !

Face à elles, dans ce bureau, je ne savais plus où j'en étais, j'en voulais à la terre entière et pourtant personne n'y était pour rien. Comment avait-elle pu souffrir autant sans nous en parler ? Elle qui s'était toujours confiée à nous depuis toute petite pour la moindre contrariété… Nous étions si proches !

Pourtant, cette fois, elle avait choisi le silence, de rester seule avec ses idées noires… Sûrement pour nous protéger…

Cette dernière pensée me déchirait le cœur.

25.

Je tourne en rond dans ma chambre, me demandant comment je dois l'annoncer à mon frère. Ma mère m'encourage à lui dire les choses moi-même, mais comment expliquer tout ça à un garçon de treize ans ? Comment trouver les bons mots pour lui faire comprendre ce qui ne va pas ?

La porte de sa chambre est ouverte, j'approche doucement. Je crois qu'il a vu que je venais parler sérieusement, car il a détourné la tête en m'apercevant. C'est sa manière à lui de montrer qu'il n'a pas envie d'en parler ; il sait très bien que quelque chose de grave est en train de se passer. Il n'est pas bête, il a bien senti que l'atmosphère était pesante.

— Lucas, tu sais, avec Maman, on est allées chez le médecin. Et j'ai besoin que tu saches que je suis malade. Je n'arrive pas à manger, mais ce n'est pas vraiment de ma faute, c'est plutôt un problème dans ma tête…

Il ne réagit pas, ne me regarde même pas, il s'arrête juste dans ses occupations et, après un moment d'hésitation, répond simplement : « Ah, d'accord ! » Toujours sans un regard, il vient vers moi et me prend dans ses bras. Je suis émue par ce petit geste qui signifie tellement…

Cette semaine, il y a des choses bien plus importantes que cette maladie – si on peut appeler ça une maladie –, d'autant que les cachets vont, j'en suis sûre, tout arranger rapidement. Je dois donc me concentrer sur ce qui est vraiment essentiel : mon bac blanc de français et mes TPE. Cette dernière note va compter pour le bac et je suis anxieuse. Depuis le début de l'année, je m'y suis mise à fond, d'ailleurs notre sujet est « le stress ». C'est un travail de groupe et je n'aime pas vraiment cela. En fait, je veux toujours que tout soit parfait, et je ne sais pas si ce que les autres vont faire sera assez bien. Du coup, ce n'est pas du tout confortable pour moi.

Depuis toute petite, je suis une bonne élève et cela ne doit pas changer. Le problème, c'est que, lorsque votre entourage a l'habitude que vous réussissiez tout, il ne remarque pas forcément ce que vous ratez, votre premier mal-être, vos premiers échecs. Pourtant, l'erreur, pour moi, est presque inacceptable.

Je révise mes textes de français ; je connais bien les dix commentaires. Papa et Maman m'ont interrogée et ça m'a beaucoup aidée. Mais je préfère les revoir encore, car demain j'aurai peu de temps, j'ai rendez-vous en ville avec un médecin spécialiste des troubles du comportement alimentaire.

Maman me propose de regarder un film ce soir et de faire une pause dans mes révisions. Je refuse, alors elle tente de me rassurer :

— Tu es super douée, tu as travaillé comme une folle, pas besoin de réviser plus. Tu vas y arriver, j'en suis certaine ! Fais-toi confiance, Solène.

C'est ça. Tu vas forcément échouer !

— OK, mais je garde les feuilles avec moi. Je ne veux pas perdre de temps !

Et si jamais tu échoues ? Tu feras quoi ? Tu vas payer cher ce relâchement !

Nous y sommes, c'est le grand rendez-vous avec le docteur F., après un mois d'attente. Juliette m'a prévenue qu'il allait sûrement me parler d'hospitalisation, mais que je ne devais pas être choquée.

— Il y a une petite encore plus maigre que toi qui vient de sortir, me dit Maman dans la salle d'attente.

Normal. Toi, tu es grosse.

Papa me regarde et murmure :

— Il arrive.

Un homme moustachu, d'un certain âge, se présente à nous. Son bureau est simple, pas plus grand qu'une chambre. Il y a une table basse et quatre fauteuils. La première chose qui m'interpelle, ce sont les boîtes de mouchoirs, comme s'il y avait écrit : « Tu vas pleurer. » Après avoir demandé mon prénom, le docteur F. me demande d'expliquer ce qui se passe.

Ne fais pas l'idiote, ne dis rien !

J'ai beau vouloir parler, je suis figée, incapable de prononcer le moindre mot. Mais qu'est-ce que je fais là ?

Papa me sauve et prend la parole en essayant de raconter mon problème. Après un temps de discussion, je me retrouve seule en compagnie du médecin. J'appréhende. Que va-t-il me dire ?

— Savez-vous pourquoi vous ne mangez pas ?

— Non, pas vraiment. C'est comme si à chaque repas, je ne suis plus moi. Chaque miette me paraît énorme. Pourtant, entre les repas, je me dis que je vais manger, mais cette volonté disparaît dès que je me mets à table.

— Comme si une voix vous obligeait à vous priver ?

— Oui, exactement. J'ai beau essayer de l'ignorer, je n'y arrive pas. Elle ne me quitte plus et peut surgir à n'importe quel moment.

Il m'observe un instant puis reprend :

— Vous avez froid ?

— Oui, tout le temps, et pourtant je m'habille suffisamment.

— C'est à cause de votre maigreur, vous vous en rendez compte ?

— Non, je suis encore trop grosse.

Un petit sourire se dessine sur son visage :

— Suivez-moi, je vais vous peser.

Je me lève et tout se met à tourner. Je vois tout noir, j'ai comme une absence. Le docteur F. s'en rend compte et m'explique que c'est aussi une conséquence du manque de nourriture. Je monte sur la balance : 36 kilos. On retourne dans son bureau, il se munit d'une feuille et gribouille quelque chose.

— Quel était votre poids avant de maigrir ?

— Euh… 52 ou 53 kilos.

— D'accord. Regardez votre courbe de croissance, votre IMC se trouvait pile dans la bonne zone. Vous avez cassé cette tendance et maintenant vous êtes là !

Il me montre un point tout en bas de son dessin. C'est un vrai choc, je ne me suis pas rendu compte d'une telle chute.

— Comment peut-on vous aider, Solène ?

Une larme glisse sur ma joue et je bafouille :

— Je ne sais pas.

— Avez-vous parlé avec vos parents d'une hospitalisation ?

— Oui, je suis prête à l'accepter si c'est pour mon bien.

Après un long entretien, mes parents reviennent. Le docteur énonce les différentes aides possibles, hôpital de jour, hospitalisation à temps complet, et nous demande d'y réfléchir. De toute façon, les places sont limitées. Je suis persuadée de ne pas en obtenir. Si j'y vais, ce sera pour peu de temps, je ne suis pas un cas très grave.

Deux jours ont passé. Avec Papa et Maman, on s'est mis d'accord pour que je sois hospitalisée dès que possible. Je n'ai même pas voulu en discuter. Pour moi, c'était une évidence, la situation actuelle est tellement catastrophique que je n'ai pas le droit de refuser l'aide qu'on me propose. Ne serait-ce que pour éviter d'alimenter cette tension qui s'est installée à la maison. Mes parents, eux, n'ont pas posé plus de questions. Je crois que, même si c'est difficile, nous partageons le même sentiment. Ce qui ne m'empêche pas d'angoisser énormément.

Maman est au téléphone avec des personnes du service ; elle raccroche.

— Dans une semaine une chambre se libère. On m'a parlé d'une hospitalisation de minimum quinze jours, et sûrement un peu plus. Au début tu seras coupée de tout, mais tu auras très vite droit au courrier. Ça va aller, ma chérie, ça passera vite, j'en suis certaine.

Non, non, mais dans quoi je vais ? C'est quoi cette idée ? Je vais tout rater, je vais louper deux ou trois semaines de cours, il va falloir tout rattraper ! Comment je vais faire ? Ça va se ressentir sur mes notes, c'est obligé. C'est trop tard maintenant.

Tu es en train de tout gâcher. Tu verras, tu vas te planter au bac ! Et puis, tu crois vraiment que tu as ta place dans cet hôpital ? Pathétique.

Isabelle.

Au téléphone, avant le premier rendez-vous avec le spécialiste, on m'a juste indiqué le pavillon 18 B de l'hôpital.

Le trajet a été pesant, personne ne parlait, et lorsque nous sommes arrivés devant le bâtiment, j'ai vu écrit en grosses lettres « PSYCHIATRIE ».

Je n'ignorais pas que l'anorexie avait des causes psychologiques, mais cela m'a fendu le cœur de me dire que Solène, qui n'avait jamais eu de soucis, avait besoin de soins de ce genre et que nous n'avions rien vu.

Mais nous avons tout de suite su que nous avions frappé à la bonne porte. Le médecin nous a expliqué que l'anorexie, c'était plus qu'un régime qui aurait dérapé, et que cela concernait surtout des adolescentes brillantes, perfectionnistes. Tout à fait Solène !

Nous n'avions jamais mis de pression scolaire à Solène. Elle se l'était imposée elle-même. Mais je culpabilisais tout de même en me disant que je l'avais peut-être trop félicitée à chaque fois qu'elle ramenait de bons résultats, entretenant ainsi son désir de rester au top, au risque d'en tomber malade.

Le médecin nous a aussi précisé que l'anorexie touchait des personnes ayant très peu confiance en elles. C'est sûr, le manque de confiance en soi, c'est moi qui le lui ai transmis, lui offrant ainsi malgré moi l'un des fondements de la maladie.

26.

Je regarde Elsa et Inès rigoler ensemble. Comme elles sont belles ! J'aimerais rire aussi, mais je n'y arrive pas ; je me contente de sourire, tout est trop difficile. J'ai enfin réussi à leur parler de ce qui m'arrive. Au début, elles ont semblé un peu perdues, elles ne comprenaient pas bien la maladie, mais elles m'ont avoué que ça se remarquait. Elles n'avaient simplement jamais osé m'en parler. D'après elles, je suis vraiment maigre. J'ai pu leur expliquer mes problèmes, même si ç'a été extrêmement difficile.

Inès m'a soulagée. Elle n'a pas l'habitude de beaucoup livrer ses émotions, mais cette fois-ci, dans son regard, j'ai senti une grande compassion. J'ai eu l'impression qu'elle se rendait compte de ma souffrance.

Je l'ai dit aussi à Coralie, mais j'étais terrorisée, je sais qu'elle en a marre des copines à problèmes.

Tu n'as pas de problème !

Au final, elles me soutiennent toutes pour cette hospitalisation ! Ça devrait passer vite…

Cette nuit est encore une fois terrible. Depuis deux semaines, j'enchaîne les insomnies et je suis réveillée toutes les heures par un mal de ventre. Il est 4 h 23, demain j'ai cours et je me demande comment je vais tenir. D'ailleurs, j'ai contrôle d'anglais et je ne suis pas super au point. Je prends mon cahier, mais je n'arrive pas à me concentrer non plus, une seule chose résonne dans ma tête : le repas de demain. Je vais manger au self avec Coralie et Inès ; que vont-elles me dire ? Déjà qu'avec mes parents c'est devenu extrêmement compliqué... En fait, tout le monde me regarde en permanence, et je ne comprends pas pourquoi.

Tu es une grosse qui se goinfre, tu n'as pas besoin de manger.

Je finis par avoir sommeil, mais il ne reste plus qu'une heure avant le réveil. Je ferais mieux d'éteindre et de laisser tomber l'anglais.

Tu vas rater ton interrogation, idiote !

— Solène.

Papa me secoue, il parle d'une voix douce. C'est un réveil un peu inhabituel. J'entrouvre les yeux et lui demande l'heure. Il me répond :

— 6 h 40, on a encore un peu de temps, mais je voulais te parler.

Mon cœur s'accélère, j'ai peur, le stress monte et cela doit se voir, car Papa me murmure de ne pas m'inquiéter. Pourtant, c'est une larme que je vois couler sur sa joue. C'est tellement rare, ce doit être vraiment très grave. Il commence :

— Tu sais, c'est difficile de te voir si peu manger, et je ne comprenais pas pourquoi tu ne te forçais pas. J'ai passé la nuit sur un site Internet et j'ai lu plein de choses. Je vois à quel point c'est éprouvant pour toi. Alors oui, tu nous rends tristes, mais ce n'est pas ta faute. Tu n'arrives pas à manger, mais ce n'est pas ta faute non plus. Je sais que tu es habitée en permanence par une sorte de démon et que c'est ça qui te pousse à faire du sport, à cuisiner pour les autres, à nous faire manger. J'ai vu aussi que la plupart des filles touchées sont de bonnes élèves, perfectionnistes. La maladie t'est tombée dessus et tu n'y peux rien ! Maintenant on va tout faire pour t'aider, on fera ce qu'il faut. Mais sache que s'il y a des disputes, c'est seulement à cause de la maladie, ce n'est pas contre toi, ma puce. On est avec toi, on t'aime.

Pour la première fois, je sens qu'une personne peut décrire ce que je ressens. En effet, ce démon me hante et il s'appelle « anorexie mentale ».

Les paroles de Papa résonnent dans ma tête. Oui, c'est exactement cela : un démon.

D'ailleurs, il est 12 h 30 et, avec Inès, on attend Coralie pour aller manger. Je suis sûre que si je me force un peu pour ce repas, tout va bien se passer…

Non, non, si tu manges tu échoues, tous ces efforts pour rien !

On arrive devant les desserts et je ne sais absolument pas quoi faire : prendre un yaourt ou pas ?

Si les filles voient que je n'en prends pas, elles vont se faire du souci, alors je vais me servir. Je commence à tendre la main.

Tu as déjà une pomme, tu n'as pas besoin de ça, pense à ta ligne.

Toute ma motivation disparaît d'un coup, je suis complètement incapable de le prendre. Malgré le regard que me lance Coralie, rien n'y fait.

Ah ! mon téléphone vibre, c'est Maman qui vient de m'envoyer un SMS :

« Comment ça va ? Tu as réussi à manger ? Bisous, à tout à l'heure. »

Le repas n'a pas commencé, mais je sais pertinemment que je ne mangerai rien de plus que mes feuilles de salade et ma pomme. Du coup, je me contente d'un texto positif prétendant que tout va bien. Il est hors de question que je l'inquiète davantage.

Gilles.

Pour Isabelle et moi, la prise d'anxiolytiques était devenue nécessaire pour nous endormir. Malheureusement, dès que l'effet disparaissait, l'anorexie de Solène nous sautait à nouveau dessus.

Il faut dire qu'une fois que le diagnostic a été posé, ç'a été comme si Solène ne faisait plus aucun effort, attendant l'hospitalisation et que la médecine résolve son problème. Tous les repas se sont transformés en cauchemars. Elle ne mangeait presque plus rien, c'était une torture pour nous de la voir s'enfoncer un peu plus chaque jour.

Solène semblait même devenir une autre personne une heure avant le repas. Elle descendait dans la cuisine, se positionnait debout contre le radiateur. On sentait son angoisse monter, elle ne nous parlait plus, elle surveillait ce qui se passait aux fourneaux. Et, une fois à table, elle mettait un temps interminable pour avaler la moindre petite bouchée.

L'anorexie a été comme un sable mouvant dans lequel toute la famille s'est inexorablement enlisée. Progressivement, à chaque repas, nous avons joué le jeu de la petite voix qui était dans la tête de notre enfant en acceptant peu à peu de réduire les graisses, les quantités de peur qu'elle ne mange plus rien. En croyant trouver des solutions, nous avons aggravé le problème involontairement. Il était impossible d'affronter et de rentrer en conflit avec ce « démon », car la personne physique qui était en face de nous était l'enfant que nous aimions.

Isabelle.

La découverte de la maladie de ma fille m'a poussée, nécessairement, à revisiter mes souvenirs pour y chercher des signes que je n'aurais pas su voir.

Entre autres, j'ai repensé aux fois où Solène nous parlait des supposés problèmes alimentaires de sa copine Inès. Je n'y ai jamais accordé aucun crédit, je savais qu'Inès allait bien, mais je me dis à présent que je suis certainement passée à côté de quelque chose à ce moment-là. Elle avait peut-être besoin que je lui tende une perche pour qu'elle puisse demander de l'aide, m'avouer son mal-être…

27.

Je suis tellement nulle, j'en ai marre de mentir à tout le monde. Pourquoi je fais ça ? Pourquoi je n'arrive plus à manger ? Tout à l'heure, je suis allée m'acheter un cookie. Si je fais croire que j'ai réussi à manger un goûter, ils ne me forceront pas à faire trop d'efforts ce soir. Je prends soin d'écraser un morceau du gâteau pour faire quelques miettes sur la table. Le reste est dans la poubelle, recouvert d'un sac plastique.

C'est bien, personne ne se doutera de ton mensonge, et tu ne mangeras pas ce soir.

Inès me rejoint car on a prévu de bosser toutes les deux. On a déjà passé toute la journée ensemble au lycée, mais c'est toujours agréable de se voir. Par contre, ce midi, elle a sûrement dû remarquer que je n'ai mangé, en tout et pour tout, que six cuillerées de pamplemousse. Je m'empresse donc de lui montrer les miettes pour ne pas subir de remarque. En plus je lui ai pris un cookie pour elle, sachant qu'elle revient d'une séance de kiné. Elle me remercie, mais n'en veut pas, car elle a déjà mangé ce que sa mère lui a apporté avant son rendez-vous. Tout s'arrête autour de moi, j'ai le visage figé. Comment est-il possible que je sois dans un tel état ?

Elle a fait du sport et ne veut pas manger. Toi tu es restée là à ne rien faire et tu étais à deux doigts de t'autoriser à en manger. Grosse vache ! Elle va perdre du poids pendant que tu vas engraisser !

J'entends la porte d'entrée s'ouvrir, c'est Papa. Il regarde les restes du cookie et me félicite ; il ne me pensait pas capable d'en manger autant. S'il savait… Je suis affreuse de lui mentir comme cela.

Gilles.

Ces jours-ci, Solène semblait être un peu mieux moralement. Elle m'avait même envoyé un Snap avec la photo d'un cookie en me disant qu'elle se sentait prête à le manger au goûter. Elle avait l'air d'en être fière. C'était rassurant, car il fallait qu'elle tienne le coup jusqu'à son examen de TPE. En effet, le médecin avait accepté de lui laisser passer son épreuve et de ne l'hospitaliser que le lendemain. Pourtant, elle avait de plus en plus de vertiges quand elle était debout. Elle était très faible, et nous étions vraiment inquiets.

28.

Ce matin, réveil compliqué, encore une nuit raccourcie. La lumière du couloir est allumée, c'est Lucas qui se met du gel dans la salle de bains. Je n'ai clairement pas envie de commencer une nouvelle journée au lycée. Mon plaisir d'y retrouver mes amis a disparu ces derniers temps. La seule chose qui m'importe, ce sont mes prochains repas, mes prochaines pesées. En ouvrant le dressing, j'aperçois dans le miroir, l'espace d'une seconde, une fille maigre aux traits tirés. Puis tout devient flou de nouveau, tout se déforme.

Tu n'es pas maigre, regarde tes cuisses.

J'arrive au lycée et repère Inès qui est avec une camarade. Alors que je les rejoins, je vois bien que cette dernière m'observe. Son regard se déplace du haut jusqu'au bas de mon corps, et je la vois murmurer quelque chose à Inès. Le commentaire qu'elle a dû lui faire m'attriste. Dans quelques jours, je serai à l'hôpital et, même si très peu le savent, j'ai l'impression que tout le monde me dévisage, que ce qui m'arrive leur paraît absurde, qu'ils se disent que c'est entièrement de ma faute et que je n'ai que ce que je mérite.

Il est 10 h 45, notre prof d'histoire n'est pas là. Inès et moi sommes assises près du radiateur dans le couloir.

— Ça me fait vraiment bizarre de me dire que je pars deux ou trois semaines.

— Normal, mais bon, il le faut.

— Mmm... De toute façon, mon état n'est pas aussi grave que celui de Juliette ou d'autres filles, donc je ne vais certainement pas rester aussi longtemps.

— Et tu sais à quoi tu vas avoir droit ?

— Non, je ne sais pas du tout. Peut-être la télé, peut-être mon ordi... On me le dira en arrivant.

La sonnerie retentit, on se lève pour aller à notre cours d'anglais. J'ai un léger vertige, pendant quelques secondes je ne vois plus rien. La lumière réapparaît petit à petit et je parviens à avancer. Mais mon amie l'a remarqué :

— Ça va ? Tu as mangé, ce matin ? Fais attention, tu ne vas pas tenir très longtemps, Solène.

Je ne réponds pas, je ne veux pas avoir à mentir encore une fois. C'est déjà si difficile. Ce matin, j'ai réellement mangé trois céréales que j'ai eu du mal à avaler. Tout ça parce que, hier, j'étais tellement fatiguée que je ne suis pas allée à mon entraînement de basket. Du coup, après, j'étais bloquée pour les repas.

Tes copines ont brûlé des calories alors que toi tu te la coulais douce. Tu ne mérites pas tes céréales.

Je me sens tellement coupable d'avoir renoncé à courir.

29.

Je ne me nourris plus qu'en petite quantité et uniquement de soupe, de yaourts et de fruits depuis plus d'un mois déjà. La sensation de faim a totalement disparu. Cette semaine, les repas ont été terribles, je me sens observée à la moindre bouchée. Chaque chose que Maman ne mange pas me torture et aucun son ne sort de ma bouche sous l'emprise de ce démon. Si seulement je pouvais éviter ce moment à table…

D'autant que je fais du mal à tout le monde. Je sens bien que Lucas ne supporte plus la tension qui règne sur chaque dîner. Je ne peux m'empêcher de vérifier que tout le monde finit bien son assiette, que personne ne laisse rien. J'aimerais me taire, mais c'est plus fort que moi, il faut toujours que je lui demande s'il ne veut pas un dessert ou du chocolat. Comme si ça allégeait ma propre culpabilité.

Mon frère n'est évidemment pas indifférent à tout ça, même s'il préfère éviter le sujet et sortir de table le plus vite possible. En même temps, je monopolise toute l'attention, alors je comprends bien son attitude.

Ce soir ne fait d'ailleurs pas exception à la règle. J'ai réclamé ma soupe de courge, comme d'habitude, mais j'ai de plus en plus de mal à la finir. Papa et

Maman me laissent maintenant me servir. La louche à la main, je n'ai plus le choix, je dois y aller. Je mets une pleine louche, mais cela ne remplit mon bol qu'à moitié. Vis-à-vis de mes parents, je ne peux pas en prendre si peu, donc je me force à me servir davantage.

C'est trop, stop, ça suffit !

C'est sûr, je ne mangerai rien d'autre, c'est déjà un effort surhumain, là !

Pour l'instant, mon bol est à moitié plein, je fais tourner ma cuillère en observant les autres. Ils sont tous concentrés sur la télé.

Lucas en est à sa deuxième assiette de pâtes avec de la ratatouille ; il en a besoin, c'est normal. Papa mange plein de pain et attend pour se servir comme s'il voulait me laisser le choix pour après ma soupe. Pourtant, au fond de lui, il sait très bien que je ne vais rien prendre. Maman, elle, a fini sa soupe, mais n'a rien d'autre dans son assiette. Je repose ma cuillère et attends que les autres mangent pour terminer mon potage. Maman m'observe puis détourne le regard. Elle se sert une demi-tranche de jambon et me demande si je veux le reste. Naturellement, je refuse.

Elle veut t'engraisser.

Mon frère vient de décrocher de la télé et finit son plat à toute allure. Il se lève pour aller chercher son habituel fromage sec et va se réfugier dans sa chambre.

Mon bol est maintenant vide. Je pivote face à l'écran en faisant mine de m'y intéresser, ce qui n'est vraiment pas crédible, car ils parlent de politique. Sans tourner la tête, je comprends que Maman s'est levée pour aller jusqu'au frigo. Elle revient s'asseoir et j'aperçois une orange dans son assiette.

Et toi, tu pensais prendre un yaourt ! Tu es folle ? Regarde ta mère, elle n'en a pas besoin, donc toi non plus. Tu es assez grosse, ça suffit.

Papa me regarde. Il n'attend qu'une seule chose, c'est que j'aille au frigo. Malheureusement je ne peux pas, je ne peux plus, c'est trop tard.

Tout à coup, je le vois balancer le sac plastique plein de clémentines sur la table, se lever brusquement et s'écrier :

— Non, là, c'est n'importe quoi ! Tu vas trop loin ! Plus tu observes ce que ta mère mange et plus tu réduis ! Moi, je ne peux plus tenir ! Arrêtez de vous regarder comme ça, je craque, c'est insupportable !

Sa colère me fait l'effet d'une bombe.

Voilà, tu as tout gagné, tu es nulle.

Mes membres tremblent à tel point que je me retrouve paralysée sur ma chaise, ma respiration s'accélère et je suis plus essoufflée qu'après une course.

De gros sanglots me viennent, les larmes coulent sur mes joues, c'est une vraie crise d'angoisse. Je ne vois plus rien, tout m'apparaît trouble. Je suis perdue.

Nulle, nulle, nulle !

J'ouvre les yeux, encore sous le choc, mon corps tremble toujours un peu. Papa et Maman sont assis à côté de moi sur la table basse, ils ont certainement dû m'emmener vers le canapé pendant mon moment d'absence. Ils se retiennent de pleurer. Maman me murmure : « Ça va, ma puce ? » Et Papa ajoute : « Je suis désolé, je ne voulais pas. »

Je ne lui en veux pas du tout, c'est contre moi-même que je suis en colère. Pourquoi j'ai cette voix en moi ? Pourquoi je fais souffrir ma famille ?

Ce soir, nous avions prévu d'aller voir une voisine qui comprend ma maladie car elle est psychologue. Maman me demande si je veux toujours y aller. Comme je décide de me faire violence en acceptant, Maman prend les devants, et j'attends avec Papa d'être un peu mieux physiquement pour partir avec lui. Je suis maintenant tellement faible que mon père essaie de m'éviter le moindre effort, alors même pour une centaine de mètres, on prend la voiture.

Notre voisine et amie me rassure un peu sur ce qui va se passer pour moi prochainement, sur les rencontres avec les psychologues, sur ce qui va être abordé par eux. Elle me confie également avec tendresse que, plus tard, sa fille veut être « comme Solène ». Si elle savait, pauvre petite, c'est la dernière chose que je lui souhaite.

Isabelle.

Deux jours avant d'être hospitalisée, et alors qu'elle se trouvait dans sa chambre, Solène m'a fait une demande surprenante. Elle voulait que je prenne des photos d'elle en sous-vêtements, et notamment des gros plans de différentes parties de son anatomie.

J'ai alors découvert ce corps décharné, ce dos légèrement vouté par la perte musculaire, cette pilosité inhabituelle du fait des problèmes hormonaux. Je l'ai sentie tellement fragile, prête à se briser… Cette image restera gravée en moi pour toujours !

J'ai pris tout un tas de clichés et, après qu'elle s'est rhabillée, nous sommes tombées dans les bras l'une de l'autre. Puis ma fille m'a dit :

— Maman, j'ai besoin de ne jamais oublier que j'ai pu être comme ça, pour que ça ne se reproduise pas. Je te promets de revenir plus belle, plus épanouie et surtout plus heureuse. Tu seras fière de moi !

Je savais déjà que la route serait sans doute longue, mais je connaissais la détermination de ma fille, j'étais sûre qu'elle y parviendrait…

30.

23 mars. Aujourd'hui ce n'est pas un jour comme les autres, je passe mon oral de TPE. Après toutes ces heures de travail, on doit se lancer et présenter nos recherches. Pour le coup, le sujet du stress est vraiment bien choisi. D'après notre dossier, mon hypothalamus fonctionne à merveille et mes glandes surrénales libèrent des molécules d'adrénaline, de dopamine et de noradrénaline. En résumé : je flippe. Toute la matinée s'est déroulée avec mes feuilles dans la main, mais c'est dingue, j'ai toujours l'impression de ne rien savoir.

Tu vas échouer. Tu n'es pas assez au point. Tu aurais dû te donner plus de mal.

À la sortie de la salle d'examen, pas le temps de décompresser que les autres élèves de première nous bombardent de questions : « Alors, ça s'est bien passé ? Vous n'avez pas trop stressé ? C'était qui, vos profs ? Les questions n'étaient pas trop difficiles ? »

Je n'ai pas la force de répondre, j'ai la tête qui tourne, mon corps est pétrifié. Comme si toute mon énergie avait été dépensée lors de mon examen. Heureusement, ma copine est là :

— Ça va. Après tout, si les questions ont été difficiles, c'est sûrement que notre dossier était complet. On devrait avoir une bonne note, je pense.

Je ne réagis pas, je sens le malaise arriver, il faut que je m'asseye. Je trouve assez rapidement un coin de banc libre. Coralie arrive avec un grand sourire :

— Alors mes chats, c'était bien votre oral ?

— Oui ! je réponds dans un souffle en tentant de lui sourire.

— Solène, ça va ? Tu es toute pâle. Tu ne veux pas que je t'emmène à l'infirmerie ?

— Non, ça ira, merci.

Je me lève et compose le numéro de Maman :

— Alors ma chérie, vous avez réussi ?

— Ben, les questions étaient super compliquées, je ne sais pas quoi en penser.

— Je suis certaine que vous aurez une bonne note.

— Peut-être pas, Maman ! Tu sais, il y a plein d'autres bons TPE ! J'ai mal répondu à une ou deux questions et ça va sûrement faire baisser la note.

— Même si tu n'as pas une très bonne note, ce n'est pas grave, me console-t-elle. Tu as subi beaucoup de pression ; au pire, tu te rattraperas avec les prochains examens.

Tu n'y serais jamais arrivée de toute façon. Tu te faisais des illusions.

Toum doudoum toumitoum. La sonnerie annonce la fin du cours de SVT, le seul de la journée pour nous. Je n'ai rien suivi, tout était mélangé, confus. Peu importe, puisque j'aurai trois semaines à rattraper.

Demain, j'y serai. À 10 heures, le docteur F. m'attendra. Comme j'ai prévenu mes amies, on s'est donné rendez-vous au centre du lycée. On descend doucement les marches, Inès et moi, et je les vois, elles sont toutes là : Coralie, Elsa, Marie et toutes les autres. C'est beau ! D'ailleurs, il n'y a pas qu'elles. Le prof de sciences m'a remis un mot d'encouragement, et mes camarades ont tous signé une carte, c'est adorable. Certains garçons de la classe m'ont même offert un bracelet. Et les paroles de quelques filles me font du bien :

— Allez, on veut te revoir dans trois semaines, il y a le carnaval quand même, et c'est grâce à toi que notre classe y participe ! Tu vas nous manquer, déléguée ! Courage, il faut te remplumer !

Ce terme me terrorise, je ne veux pas être gavée, je ne peux pas.

Je me tourne vers mes meilleures amies. Coralie sort de son sac un cadeau, elle a déjà les larmes aux yeux. Je l'ouvre délicatement et trouve un merveilleux bracelet brillant, puis elle me confie autre chose, un album violet. Les larmes d'Inès et d'Elsa commencent aussi à couler sur leurs joues.

— C'est pour que tu puisses penser à nous lors de ton hospit' !

Je l'ouvre et à l'intérieur, je vois de merveilleuses photos de nous, le sourire aux lèvres. Comme elles sont gentilles ! Ça me déchire le cœur de partir, je suis tellement triste. Et pourtant, aucune larme ne sort, toutes mes émotions sont bloquées. Ça viendra sûrement quand je vais vraiment les quitter.

À 16 h 53, nous sommes toutes allées dehors, les garçons nous ont rejointes. Je m'apprête à dire au revoir. Tout le monde me regarde et essaie de me rassurer un peu :

— Ça va aller So, tu vas revenir plus forte, me dit Jérémie.

Elsa complète :

— Tu vas trop, trop, trop nous manquer, mais on sait que c'est pour ton bien.

Je la prends dans mes bras et la serre fort. Je fais de même avec Coralie, puis vient le tour d'Inès. Elle pleure rarement, mais là, elle ne s'arrête plus. Je lui fais un énorme câlin, son souffle chaud me fait du bien. Je sais que mon départ lui fait beaucoup de mal, alors moi aussi j'essaie de la rassurer comme je peux :

— Je te promets, quand je reviens, on fera plein de soirées, on partira en vacances ensemble, on ira faire du shopping. C'est juste un mauvais passage ! Tu vas tenir le coup !

Après un silence, je les regarde s'éloigner doucement, il ne reste plus que moi et mon équipe de basket. J'ai l'impression d'avoir un couteau dans le cœur. C'est maintenant à mon tour de partir, j'embrasse toutes les filles, surtout Marie. Je vois tellement de compassion dans son regard, c'est beau. Je m'en vais, et toujours pas de larmes. Je suis vide.

31.

Seule dans ma grande chambre, je suis perdue. Mais qu'est-ce que je fais là ?

Je réalise que je vais vivre ici trois semaines coupée de tout. Parce qu'en fait, je ne suis pas seulement privée de ma famille et de mes amis, mais d'absolument tout le monde. À part le personnel médical, je ne verrai personne. Je n'ai pas le droit de rencontrer les autres patients du service ni d'avoir mon portable. La chambre sera finalement mon unique lieu de vie…

J'avoue que j'ai du mal à comprendre la raison d'un tel isolement, mais, apparemment, il est nécessaire à ma guérison.

Papa et Maman sont partis depuis dix minutes et je me sens déjà abandonnée. Je n'ai pas le droit de défaire ma valise car le personnel soignant doit en vérifier le contenu. J'attends, assise sur le lit, mon portable entre les mains. C'est peut-être la dernière fois avant longtemps, alors j'envoie un SMS à Inès. Hier soir, j'ai laissé sur Facebook un dernier message – avant de ne plus y avoir accès – à mes plus proches amis en essayant de les rassurer, car peu d'entre eux comprennent ce qui se passe :

Je ne veux pas que vous vous fassiez du souci pour moi, dites-vous que c'est comme un voyage de quelques semaines et que même si cela dure plus que prévu, c'est pour mon bien...

Encore ce matin, aucune larme n'est sortie. Pourquoi cette absence d'émotions ?

Tu es inhumaine, tu fais souffrir les autres et tu t'en fiches.

Toc, toc, toc. Une infirmière entre, elle a l'air gentille, sa voix est douce avec un petit accent. Je crois qu'elle est roumaine, elle s'appelle Katerina. Tandis qu'elle vide la valise, je la vois s'emparer de mon ordinateur, de mon portable, de mes devoirs et même de mes ciseaux. Je me demande bien quand je vais les avoir à nouveau à disposition.

— Pour les devoirs, je vais demander au docteur F. si on les garde.

J'espère bien y avoir droit dans la journée ! Est-ce qu'ils pensent à mon bac ? Je ne vais pas me laisser faire, je dois travailler !

Le repas arrive, j'angoisse. Comment vais-je faire ? J'ai beaucoup de mal à regarder ce plateau d'hôpital. Il y a de la viande en sauce ; je ne peux pas y toucher, c'est plus fort que moi. D'autant que la quantité est énorme, même chez moi personne ne mange autant. Ils veulent me gaver… En guise d'accompagnement, il y a des courgettes et des carottes, sauf que depuis toute petite je déteste les carottes. Il y a ensuite du fromage et un kiwi. Au final, je réussis à manger trois ou quatre rondelles de courgettes et le fruit.

Rappelle-toi au self, tu ne mangeais pas autant. Tu vas grossir.

Je ne vais pas bien. C'est une véritable torture. Je voudrais ne plus être malade, ne plus être aussi faible, incapable de tout. Je voudrais redevenir moi-même.

Lorsque l'infirmière arrive pour débarrasser, elle me demande pourquoi je n'ai pas mangé. Sa question me perturbe, personne ne me la pose habituellement. Alors je lui réponds sans réfléchir que c'est par peur de grossir. En fait, ce n'est pas vraiment ça, mais comment lui dire que tout est trop difficile ? Comment lui dire que je suis perdue ? que je ne sais plus comment faire ?

16 h 09, une infirmière métisse entre et annonce :

— Bonjour, moi c'est Myriam, on passe pour la collation. Que voulez-vous ?

Je n'en reviens pas, on me propose un goûter alors que je suis incapable de toucher à mon repas. C'est seulement pour me faire grossir.

— Non merci, il y a longtemps que je ne prends plus de quatre-heures.

— Ici on vous propose une collation, parce que c'est important. Ce n'est pas de trop, vous en avez réellement besoin.

— Je ne pense pas y arriver.

— Essayez au moins un petit bout, nous avons des chocos, des petits-beurre, des boudoirs, des madeleines, des galettes…

Je sais très bien que je ne pourrai pas manger, mais je ne veux pas passer pour la méchante qui refuse directement.

— Des galettes, alors.

J'ouvre le paquet, l'odeur du beurre me monte au nez. Je n'ai pas le choix, je dois les laisser.

Hors de question de manger ça, ce n'est que du gras.

Les douches sont en face de ma chambre. Quelques heures plus tard, je m'y dirige discrètement. Je ne sais pas ce que je crains le plus, si c'est de déranger les autres ou si c'est de me sentir observée. En fait, je crois que je n'ai surtout pas envie que les patientes qui se trouvent dans le salon se mettent à parler de moi…

Quand je vois ces filles, je me demande si un jour je discuterai avec elles, si un jour je vais sympathiser avec elles. Une blonde passe la tête par l'entrebâillement de la porte, elle est extrêmement maigre. C'est sûr, c'est une anorexique. Mais enfin, pourquoi je suis ici ? Je ne suis pas malade. Ces filles ont besoin d'être soignées, pas moi !

Tu n'as pas ta place ici, tu es grosse. Regarde ces filles comme elles sont maigres.

Isabelle.

Le mardi 23 mars, nous avons conduit Solène à l'hôpital. Avant le départ de Lucas pour l'école, nos deux enfants se sont enlacés comme jamais. C'était vraiment émouvant, beau… Mais aussi terriblement triste !

À notre arrivée dans le service, on nous a permis, à Gilles et à moi, d'accompagner Solène dans sa chambre. Puis on nous a laissé profiter d'un petit moment tous les trois afin de nous dire « au revoir ».

Quand l'infirmière est revenue pour nous signifier gentiment qu'il allait falloir la laisser, cela a été très dur. Le dernier gros câlin a duré une éternité. C'était indispensable pour lui donner du courage, à moins que cela ne l'ait été pour nous en donner à nous !

32.

— Je ne veux pas de beurre, c'est bon, merci.

La jeune infirmière s'assoit à côté de moi et prononce doucement :

— Le beurre, c'est une matière grasse, mais pour vivre vous en avez besoin. C'est grâce à cette matière grasse que les hormones fonctionnent, c'est extrêmement important. Il y a ici le minimum, vous ne devez pas rester à un demi-beurre, il va falloir l'intégrer petit à petit.

Du beurre... Ce mot est comme l'annonce d'un danger, jamais je ne pourrai en prendre comme ça sur une biscotte. C'est étrange, je ne parviens même plus à me souvenir quand j'ai arrêté de beurrer mes tartines. Parce que oui, bien sûr, avant, le beurre faisait partie de mon quotidien, comme tout le monde. Mais aujourd'hui, rien que de le voir, ça me dégoûte, je ne sais pas comment j'ai pu avaler ça... Elle me parle d'une moitié, mais c'est déjà beaucoup trop. C'est impossible pour moi.

Ne les écoute pas, ils veulent t'engraisser.

La solitude est insupportable, je regrette tellement d'être venue ici ! Je n'y ai pas ma place, je suis la plus grosse et on veut encore me faire grossir. Je ne suis pas malade, contrairement aux filles que je vois. Je dois me rendre à l'évidence.

Cours, pars, rentre chez toi. Va chercher ton portable, appelle tes parents, tu ne vas pas rester ici. Ou alors tu vas ressortir encore plus grosse que tu l'es. Ce n'est pas ce que tu veux, pas vrai ?

Mon sac est prêt, je ne sais pas où se trouve mon téléphone, mais il faut que je sois rapide pour ne pas me faire attraper. J'entrouvre la porte.

Non, je suis ridicule. Et puis qu'est-ce que j'irais faire ? Et que vont dire Papa et Maman ? Ce serait comme un abandon, un renoncement à aller mieux ! Je n'ai pas le droit de leur faire ça !

Tu vas le regretter.

Ce matin, j'ai fait un coloriage devant la télé, mais je commence à m'ennuyer. J'appuie sur la sonnette, j'ai peur, mais je dois demander quelque chose. La jeune soignante arrive avec un joli sourire.

— Solène, qu'est-ce qu'il te faut ?

— C'était pour savoir si je pouvais avoir mes cours.

— Le médecin nous a dit de les garder pour l'instant, désolée…

Ils veulent te faire échouer… Tu vas échouer…

Espérons que je les récupère rapidement. En attendant, je vais commencer un journal intime sur lequel je vais raconter mes longues journées d'hôpital. Cela m'occupera pendant ces trois interminables semaines. Et puis, ce sera ma manière de tout raconter à mes parents et à mes amis comme je le fais d'habitude.

Justine, la jeune infirmière qui s'occupe de moi depuis ce matin, vient de m'annoncer un entretien avec l'interne, le docteur H. C'est une jeune femme brune, très jolie, avec un regard sévère.

Quand j'arrive dans son bureau, elle me demande de m'installer devant elle et commence :

— Ce matin, vous avez eu une pesée et votre poids actuel est de 34,7 kilos, c'est ça ?

— Oui, je réponds, gênée.

— Vous avez perdu beaucoup de poids récemment. Vous mangez très peu et c'est pour cela que vous allez mal. Vous avez des carences, votre organisme est trop faible. Ici, on fonctionne avec des contrats de poids, c'est-à-dire que votre cadre de permissions s'élargit au fur et à mesure de la reprise de poids. Votre IMC est actuellement très bas et pour avoir un poids de sécurité, il vous manque plus de 10 kilos. Nous allons voir à quel rythme vous allez avant de faire une liste de vos ouvertures, sachant qu'il va falloir reprendre 1 ou 2 kilos avant d'avoir un contact avec l'extérieur.

Le docteur H. a été on ne peut plus claire. Nous avons ensuite parlé de mes traitements. Mes doses d'antidépresseurs le matin et celles d'anxiolytiques à chaque repas sont augmentées. Ça m'inquiète. Je crois que j'ai peur que ces cachets me donnent simplement une illusion d'amélioration qui disparaîtra dès que je cesserai de les prendre. Ou pire, j'ai peur de ne pas réussir à les arrêter. On dit souvent que ces traitements sont comme des drogues dont on devient dépendant.

On frappe à ma porte, mais personne n'entre, c'est bizarre. Je me lève pour voir ce qui se passe et j'aperçois un bout de papier sur lequel je lis :

Salut Solène,

J'espère que ton arrivée s'est bien passée, on ne peut pas se parler normalement, mais on peut se faire passer des mots en douce. Et si on veut parler, il y a toujours les douches. Donc si tu es d'accord, on se dit 18 h 15 là-bas.

Juliette.

Juliette, la fille qui fréquente le même lycée que moi et avec laquelle j'ai longuement parlé de nos problèmes en soirée, est ici depuis une semaine. Apparemment, c'est surtout à cause de son moral, car elle n'a plus trop de problèmes pour manger. D'après ses dires, elle n'est pas là pour longtemps.

Sa présence me rassure, je me sens moins seule.

Plus tard dans la journée, Katerina me propose un temps pour discuter et, franchement, j'en ai vraiment envie ; je suis tellement perdue.

— Alors, comment vis-tu l'hospitalisation jusqu'à présent ?

— Bien, je lui réponds en mentant.

— Je sais que c'est l'hôpital, mais est-ce que le service te plaît ? Est-il rassurant ?

— Oui ça va, les infirmières sont gentilles.

— Et au niveau des repas, ça va ?

Je bafouille plus que je réponds, car je n'ai pas envie d'en parler.

Les plateaux qu'on nous sert sont énormes et tous les repas ont été une catastrophe. Hier soir, je n'ai rien pu manger à l'exception d'un yaourt, et ce matin j'ai réussi à avaler une seule biscotte sur les quatre du plateau. Le docteur F. est même venu me voir pour me dire d'en manger au moins deux, mais j'en ai été incapable. Ce midi, même catastrophe ; tout ce qui est passé, c'est de la salade sans assaisonnement, la sauce étant une vraie angoisse.

Tu as bien assez mangé, c'est suffisant pour quelqu'un qui ne fait rien de la journée.

— Et la nuit, tu dors bien ?
— Ça va, à part que j'ai fait un cauchemar.
— Tu veux bien m'en parler, de ce cauchemar ?
— Hum… Oui, même si c'est un peu difficile. J'étais à la piscine avec ma famille et mes amis, tout le monde s'amusait. Moi, j'étais fatiguée, et je restais assise au bord. À un moment je me suis levée, et j'ai fait un malaise. Quand je suis revenue à moi, tous mes proches étaient partis, il n'y avait plus que des inconnus dans la piscine. Je pleurais sans parvenir à m'arrêter. Je me sentais inexistante, invisible.
— C'est très fort comme cauchemar, Solène. Est-ce que tu arrives à l'interpréter ?
— Hum… Non, pas vraiment.
En fait, je ne comprends même pas le sens de sa question. Un cauchemar est un cauchemar, faudrait-il chercher un sens à quelque chose qui n'existe pas, qui n'est pas vrai ?
Elle me regarde, l'air triste.
— Ne crois-tu pas que ce malaise est le signe de ta maladie ?
— Oui, peut-être, pourtant je ne suis pas seule, j'ai tout le monde pour me soutenir.
— Mais si, justement, c'est ton ressenti du moment. Tu te retrouves seule à l'hôpital entourée de nous qui sommes à l'heure actuelle des inconnus pour toi.

Une petite voix me disait de maigrir encore

Elle a raison, c'est exactement ça, je n'en reviens pas. Elle m'a cernée en un regard. Elle a tout compris, même mon sentiment de solitude.

Ma porte s'entrouvre, une fille passe sa tête et dépose un petit pot. Je regarde de loin, curieuse. C'est une petite fleur en plastique avec un petit mot dessus.

Ceci est la plante qui se transmet depuis sept générations, tu es la septième à avoir cette plante, elle te donnera du courage pour te battre et t'en sortir. À la fin de ton hospitalisation, tu devras la remettre à une autre fille pour qu'elle aussi s'en sorte.

Gilles.

Au cabinet, mon emploi du temps était surchargé. Nous n'avions plus une place de libre, même pour les urgences. C'est d'ailleurs ce que j'ai essayé d'expliquer à une patiente qui passait à l'improviste : il m'était tout simplement impossible de la prendre. Incapable de l'entendre, elle ne décolèrait pas et je ne savais pas comment m'en sortir ; je n'avais pas envie de me justifier.

Les gens oublient parfois que les soignants sont des êtres humains comme les autres…

Isabelle.

Alors que j'étais dans mon bureau, j'ai entendu le ton monter très fortement entre Gilles et une patiente.

Je l'ai prise à part. Je lui ai dit qu'en fait la colère de mon mari n'était pas dirigée contre elle, mais qu'elle était seulement le résultat de son stress, du manque de sommeil, et des soucis qui tournaient en boucle dans sa tête comme dans la mienne.

Allant à l'encontre de mes principes habituels, je lui ai dévoilé ce qui se passait chez nous. Cela lui a fait de la peine. Et moi, j'ai mesuré à quel point le problème de notre fille avait des répercussions sur tous les aspects de notre vie.

33.

De ma fenêtre, je vois un parc réservé à l'hôpital. Je ne peux pas y aller, même si c'est un espace pour le bâtiment de psychiatrie dans lequel je me trouve. Ça fait vraiment bizarre de me dire qu'en dessous de moi sont internés d'autres patients atteints de maladies mentales comme la schizophrénie. Du coup, de mon poste d'observation, je vois des hommes et des femmes qui font des choses curieuses. Je passe beaucoup de mon temps à les observer. Ça paraît ridicule, mais c'est un peu de vie dans cet isolement.

Ce matin j'ai réussi à manger la deuxième biscotte, je ne sais pas quoi en penser.

Tu vas grossir, tu vas prendre beaucoup, déjà que tu es grosse.

Cela fait trois jours que je suis là et j'ai déjà pris 500 grammes, alors que je n'ai presque pas mangé. Qu'est-ce que ça va être la prochaine fois ? À cause de cette biscotte, je vais peut-être prendre 1 kilo ! C'est horrible.

Des calories, encore des calories. Non, non, non ! Je ne peux pas accepter ça. Tant pis, je vais faire du sport, je dois rattraper mes bêtises.

Déjà trente minutes d'exercice entre le gainage, les abdos et les pompes. J'intègre les squats ; c'est peut-être suffisant pour la biscotte, je vais m'arrêter là.

Continue, continue. En trente minutes, tu n'as pas le temps d'éliminer !

— Solène ?

Mince, c'est le docteur F. qui m'appelle. Je me lève d'un seul coup. Heureusement que je faisais mes exercices dans mes toilettes, pour un peu il m'aurait vue. Il m'emmène jusqu'à son bureau qui n'a pas changé. Toujours les quatre fauteuils et cette boîte de mouchoirs sur la table. Il me pose deux ou trois questions sur le service, auxquelles je réponds facilement, puis sur ma vie en général.

Je lui raconte que j'ai toujours été première de la classe. Personne ne m'a mis la pression, mais j'ai peur de perdre ce rôle et de ne plus être aimée de la même façon. Je lui raconte aussi mon envie, mon besoin d'être appréciée, de faire du bien. Mais aussi le fait de ne pas vouloir être critiquée, car je suis très sensible. Un petit sourire se dessine sur son visage. Il m'explique comment la pression que je m'impose m'a fait basculer dans l'anorexie, comment mon besoin d'être aimée m'a fait perdre et oublier mon amour de la vie.

— De perfectionniste acharnée qui réussit la plupart des choses qu'elle entreprend, tu es devenue une fille perdue qui tente tant bien que mal de s'en sortir.

Tu ne réussissais rien et ça ne changera pas.

Cet entretien m'a fait du bien, même si je ne suis pas certaine de croire ses paroles. Si je suis vraiment aussi maigre qu'il me le dit, pourquoi est-ce que je ne le vois pas ? Je ne suis pas folle quand même ! Je ressens malgré tout un réel soulagement, car, enfin, on me comprend.

Une petite fille, voilà ce que je suis actuellement !

34.

Déjà une semaine que je suis ici. Je m'ennuie et, en même temps, paradoxalement, je trouve que le temps passe vite. Je me dis que j'ai fait un tiers de l'hospitalisation. Ce que je ne comprends pas, c'est qu'il ne s'est absolument rien passé, mis à part deux rendez-vous. Tout est toujours aussi compliqué. Les 500 grammes que j'avais réussi à prendre sont déjà de l'histoire ancienne : je perds à nouveau du poids et je n'arrive pas à manger plus. Je pensais que ça irait mieux, maintenant que j'ai admis mon problème et que j'accepte que l'on m'aide. C'était censé être le plus dur, non ? Je m'attendais à ce que toutes mes angoisses disparaissent, mais c'est loin d'être le cas. Comment est-il possible que l'hospitalisation ne dure que trois semaines alors que rien n'avance ? Je suis perdue, j'ai envie de partir, ça ne doit pas être si difficile que ça de manger avec les autres… Pourquoi j'en suis incapable ?

Ce trop-plein de questions est insupportable, mon cerveau va exploser. Subitement, malgré l'appréhension, je sonne. Une infirmière prénommée Sandrine arrive, elle a l'air vraiment sympa. Elle m'explique que si je la vois pour la première fois, c'est parce qu'elle était en vacances. En effet, le personnel défile, ce ne sont jamais les mêmes infirmières qui franchissent le seuil de ma porte.

— Que se passe-t-il ? me demande-t-elle gentiment. Je peux m'asseoir ?

— Oui, oui, allez-y. Je... En fait, je vous ai appelée pour savoir comment j'allais être prise en charge. Est-ce que je vais voir du monde ? On va me faire travailler sur mes peurs ?

— Vous êtes prise en charge en ce moment : vous avez dû avoir des entretiens avec le docteur et le travail que vous faites à chaque repas est une prise en charge.

— Mais alors, comment est-ce possible que je guérisse en trois semaines ?

— Trois semaines ? Qui vous a dit ça ?

Je ne comprends plus, ça veut dire que je vais rester plus, ou moins ? Et que lui répondre ? J'ai l'impression de passer pour une imbécile...

— Hum... Quand on nous a prévenus qu'une place se libérait, on nous a parlé d'une hospitalisation de deux ou trois semaines, je reprends.

— Solène, quel poids faites-vous ?

— Environ 35 kilos, je murmure.

— Vous avez un poids extrêmement faible, il doit vous manquer une dizaine de kilos et ce n'est pas en trois semaines que ça se fait, c'est progressif. Vous avez dû mal comprendre ce qu'on vous a dit !

— Non, je suis certaine qu'on nous a dit ça. Et puis c'est aussi ce que Papa et Maman ont compris. Ça veut dire que je vais rester combien de temps ? Un mois ? Deux mois ? Ça me fait peur.

Tu es nulle, tu n'aurais pas dû venir ici. Ils vont t'engraisser et te jeter. Débile ! Idiote ! Stupide !

Sandrine tente de me rassurer, elle est vraiment adorable.

— Il faut du temps pour se débarrasser d'un trouble alimentaire. Vous allez devoir être patiente, ça ne sera pas facile, mais vous y arriverez, Solène.

Cette après-midi, c'est la première fois que je sors de ma chambre sans raison médicale. Il y a une salle dans le service pour faire des travaux artistiques et on m'a proposé d'y aller. Pour chaque activité, nous sommes encadrées par un soignant. Une fille est déjà assise, sa maigreur me saute aux yeux, elle s'appelle Anna. Elle a le teint pâle, les yeux cernés. Elle est vraiment malade, il n'y a pas de doute. Chacune de son côté, on s'attaque à de la peinture. Les blancs s'enchaînent, il y a une énorme gêne entre nous deux. Elle a pourtant l'air très gentille, mais la maladie est plus forte que le côté humain. Elle prend tout l'espace. D'ailleurs, elle qui est si maigre, elle doit se demander ce que je fais là.

Et elle a raison ! Ce n'est pas ici que tu devrais être !

Après ça, je me dis qu'une douche va me faire du bien. J'espère me changer les idées, et puis je croiserai peut-être Juliette. Je traverse le couloir, les douches sont prises. Tant pis, je vais aller dans la salle de bains avec la baignoire, même si le grand miroir qui s'y trouve me terrifie d'avance.

— Solène, murmure quelqu'un derrière moi.

— Juliette !

— Alors, ça va ? Tu tiens le coup ?

— Oui, ça va, mais j'ai peur par rapport au temps que je vais rester ici.

— C'est normal, ils disent à tout le monde au début que ce n'est pas pour longtemps, mais c'est possible que ça dure.

— Les autres filles sont là depuis quand ?

— Euh… deux depuis cinq mois, une depuis six mois et une autre depuis huit mois. Sinon, comme toi, ici, il y a Anna, qui est arrivée il y a trois semaines.

— Ah, d'accord. Et toi tu pars quand ?

— Moi, à la fin de cette semaine, mais c'est parce que j'ai moins de problèmes que d'autres avec la nourriture. Je suis plutôt là à cause de mon changement d'antidépresseurs.

— Je comprends.

— Sinon, tu as vu comme Katerina est sympa ?

— C'est sûr.

— Allez, je te laisse, on va se faire engueuler.

Je la vois repartir avec les autres filles.

Quand j'entre dans la salle de bains, sans surprise, je suis brutalement confrontée au miroir que je redoutais tant… Je regrette aussitôt d'être venue ici, surtout aujourd'hui après avoir vu toutes ces filles maigres.

Tu es énorme, c'est immonde.

35.

— Bonjour ! Ce matin, c'est la pesée. Vous êtes prête ? Vous êtes passée aux toilettes ?

Tous les lundis et jeudis matin, c'est le même rituel.

Je hoche la tête et me dirige jusqu'à la salle de soins où se trouve une balance : 33,8 kilos.

Une partie de moi éprouve une grande satisfaction.

C'est bien, tu es forte, tu peux encore maîtriser quelque chose.

Mais je suis également triste : si je perds encore, cela veut dire que je vais rester longtemps ici. Or je dois sortir pour passer mon bac, pour que mes parents ne soient plus malheureux, pour que mes amies ne m'oublient pas… La pression est trop importante pour moi. J'ai l'impression que la maladie me dévore et qu'il ne reste presque plus rien de moi. Mais alors, pourquoi je suis contente de perdre du poids ?

Dans cinq minutes, j'ai mon premier rendez-vous avec une psychomotricienne. Apparemment, elle fait des massages, mais moi j'ai peur du contact. Elle va me trouver grosse après avoir vu les autres filles. En attendant, j'écris des cartes à mes amis et à ma famille.

Je n'ai pas le droit d'envoyer du courrier, mais ça ne devrait pas tarder donc je leur écris pour plus tard. En plus, ça me fait du bien, j'ai l'impression d'être avec eux, de leur parler… Cet isolement est vraiment terrible, tout comme l'enfermement. Parfois, j'essaie de respirer de l'air frais par le tout petit entrebâillement de ma fenêtre sécurisée, mais l'air pollué de la ville n'est pas le meilleur moyen de s'aérer.

Voilà la psychomotricienne qui arrive, elle a l'air adorable. Finalement, j'arrive à me laisser aller pendant le massage ; c'est la première fois que je me détends ici, mais malheureusement ça ne dure pas.

Fainéante, tu es immobile, tu ne brûles aucune calorie, tu vas grossir.

Il est 17 h 30 et je décide d'aller à la douche. Elles sont, une fois de plus, toutes prises, donc j'attends dans le salon qu'une d'elles se libère. J'y rencontre alors une fille que je n'avais pas encore vue.

— Salut, tu t'appelles comment ?

— Lilou, et toi ?

— Solène.

— Tu as quel âge ?

— Seize ans, et toi ?

— Moi aussi.

Cette fille est vraiment maigre. Je crois qu'elle a pris la chambre de Juliette, heureusement qu'une place s'est libérée pour elle. Elle est super mignonne, mais elle a l'air tellement triste. Je sens qu'on va bien s'entendre, je le vois dans ses beaux yeux qui reflètent sa gentillesse.

— Tu es arrivée quand ? reprend-elle.

— Il y a deux semaines. Tu es malade depuis combien de temps ?

— Ça fait maintenant deux ans. J'ai toujours refusé l'hospitalisation complète, mais je suis allée à l'hôpital de jour. J'avais repris un peu de poids, mais là, je suis en train de rechuter car c'est trop difficile de prendre toute seule. Et toi, tu es malade depuis longtemps ?

— Je dirais environ l'été dernier, mais je ne sais pas exactement… Dis-moi, ça ne te perturbe pas de voir les autres ?

— Si, carrément, elles sont toutes si maigres. Toi aussi d'ailleurs !

— Arrête, je me trouve énorme par rapport à toi.

— Je te jure Solène, tu es squelettique !

— Mais non, c'est toi !

Un regard complice et un petit rire me prouvent qu'elle ressent la même chose que moi. On se comprend, on est pareilles.

Nous ne sommes pas censées nous trouver là. Lilou jette un coup d'œil dans le couloir pour vérifier que personne ne nous a repérées et ajoute :

— Tu as l'air d'un squelette, on dirait que tes os vont percer ta peau.

Le temps d'un instant, je vois la même chose qu'elle, mais la réalité me revient vite.

Elle te ment, tu es bien plus grosse qu'elle.

Je commence à comprendre comment sont constitués les repas à l'hôpital, et je sais que le soir il y a une soupe, un plat chaud, du fromage et un dessert. À chaque fois, je prends la soupe, uniquement quelques bouchées du plat, et le yaourt ou le fruit. Ce soir, je vais essayer de manger davantage pour qu'ils voient que j'avance. Je décide donc d'avaler quelques bouchées supplémentaires du plat chaud au moment où la soupe arrive.

N'y touche pas ! Comme tu vas manger plus après, tu dois compenser.

Mon bol dans les mains, je vais dans la salle de bains et verse la soupe dans le lavabo. Mais qu'est-ce que j'ai fait ? Je suis complètement folle ! Quel est mon problème ? Je suis ridicule. J'ai envie d'avancer et j'en suis incapable. Pourquoi ? Me voilà en larmes, je culpabilise et c'est encore plus douloureux. Impossible de rester comme ça, je sonne et raconte tout à l'infirmière.

Cette dernière me rassure en disant que ce n'est pas grave, que c'est la maladie qui m'a poussée à faire ça et que le plus important est de l'avoir dit. Ma colère contre moi-même s'estompe peu à peu.

Le comble, c'est que maintenant, mon lavabo est bouché. Quelle idiote je suis, même pas l'intelligence de jeter ma soupe dans les toilettes !

La nuit suivante, je me réveille à 4 heures du matin après un affreux cauchemar. Je revenais au lycée et tout le monde m'ignorait, y compris Inès, Elsa, Coralie, Marie. Je n'arrive pas à me rendormir, les angoisses sont trop fortes, les craintes m'oppressent.

Isabelle.

Cela faisait un peu plus de deux semaines que Solène était hospitalisée. Chaque soir, entre 20 heures et 21 heures, nous appelions le service, comme on nous le permettait, pour avoir des nouvelles. Bien que nous souhaitions obtenir ces informations, ce coup de téléphone était toujours une réelle source d'angoisse. Qu'allait-on nous dire du mal-être de notre fille ? du déroulement de ses repas ? de sa dernière pesée ?

Et puis, il nous a fallu apprendre à ne pas se réjouir trop vite, car si un soir tout semblait plutôt positif, le moral pouvait toujours redescendre en flèche dès l'appel suivant… Mais comment en vouloir à l'équipe soignante ? Ils se devaient de nous dire les choses telles qu'elles étaient, et nous nous devions de faire face à la réalité.

Je dois pourtant bien admettre que, même si je savais que c'était pour son bien, c'était difficile de savoir Solène toute seule dans sa chambre, sans aucun contact avec l'extérieur ni avec les autres patientes, ou si peu. Dans mes moments de colère, je me disais que les malades de ce service avaient moins de droits qu'un prisonnier puisqu'ils ne pouvaient même pas sortir en promenade dans la cour ! C'était insupportable !

Et à la maison, impossible d'oublier ce qui nous arrivait, surtout lorsque nous passions devant la chambre sans vie de Solène…

36.

Une fois de plus, ce matin, c'est la pesée. J'ai toujours cette peur affreuse du chiffre qui va s'afficher, et je sais que dans tous les cas je serai triste. De toute façon je n'ai pas le choix, je dois m'y rendre.

33 kilos... J'ai encore perdu, je vais décevoir tout le monde. J'ai fait de minimes efforts alimentaires qui sont clairement insuffisants. Je me sens nulle, incapable d'avancer.

C'est bien, encore un petit effort et tu seras à 32 kilos, tu vas y arriver. Ce que tu veux, c'est ne plus être grosse, pas vrai ?

Non, non, je ne vais pas me laisser faire par cette voix dans ma tête, je suis ridicule, je dois reprendre du poids. 32 kilos, c'est trop peu, je dois manger.

Tu veux vraiment échouer, espèce de nulle !

Au prochain repas, je dois y arriver, éloigner tous ces doutes qui me torturent l'esprit à longueur de journée.

— Solène, ce midi vous aurez un repas thérapeutique avec une infirmière.

Oh, non ! Le stress monte, je déteste qu'on m'annonce ce genre de chose au dernier moment. J'avais déjà programmé ma journée, c'est vraiment perturbant. Je suis Justine, la jeune soignante, jusqu'à la cuisine où la table est mise pour deux. Je ne me sens pas du tout prête à manger avec quelqu'un, mes mains tremblent. Je vois la salade arriver et le fait de devoir mettre de la sauce me terrifie.

Non, c'est interdit, n'y pense même pas !

Je commence donc à manger ma salade sans assaisonnement. J'ai un peu honte, mais c'est le seul choix possible. Du coup, on ne peut pas vraiment parler de choix. Et si Justine ne dit rien, je suis certaine de voir dans son regard qu'elle m'en veut. Je déçois vraiment tout le monde.

Papa et Maman sont assis dans les fauteuils du docteur F., tous les deux en larmes. Mon cœur s'accélère et je les prends dans mes bras. Maman se sert dans les mouchoirs en papier posés sur la table. C'est tellement bon de les retrouver après ces trois semaines passées sans les voir. Pourtant, je ne pleure pas, je n'éprouve toujours aucune émotion, comme si j'étais cruelle, comme si je ne les aimais pas…

Si je les vois aujourd'hui, c'est parce que nous entamons une thérapie familiale avec une psychologue. Le jour de mon entrée à l'hôpital, les soignants ont insisté sur la nécessité de ces rencontres. En effet, s'il n'y a jamais eu de problèmes de communication dans ma famille, il est vrai que, depuis le début de la maladie, je me suis beaucoup renfermée. Mes parents ont donc certainement eu du mal à comprendre. On nous a donc dit que ce serait un moyen de s'avouer certaines choses, d'essayer de me faire parler, et que ce serait également un espace pour qu'eux aussi puissent se libérer, pour qu'ils évacuent leurs inquiétudes sur cette situation des plus compliquées.

Malheureusement, la séance ne dure pas longtemps. Je n'ai pas vu le temps passer. Nous avons parlé de moi, de leur nouveau quotidien à la maison. C'était émouvant. Les larmes n'ont pas cessé de couler sur les joues de mes parents, et pourtant il y a aussi eu des sourires et même de petits rires lorsque Maman a évoqué mes habitudes de petite fille modèle. On avait très envie de s'enlacer, tout en étant un peu gênés, certainement parce que nous n'étions pas qu'entre nous.

37.

À la sortie du bureau, une infirmière nous raccompagne jusqu'à ma chambre, mes parents ont droit à dix minutes de visite. Toujours en pleurs, Maman me murmure :

— Ce n'est pas trop difficile, ma chérie ?

— Si, la vie à l'hôpital, ce n'est vraiment pas joyeux…

— Tu vas tenir le coup ? Est-ce que tu acceptes que ça va être un peu plus long que prévu ? Est-ce qu'on t'a prévenue ?

— Oui, bien sûr, mais je ne veux pas rester ici des mois et des mois comme les autres filles. Papa, dès que je suis à 41 ou 42 kilos, tu signes une décharge pour me faire sortir. Je ne veux pas attendre d'être à 45.

— Ma puce, il faut accepter de passer tout ce temps ici pour guérir. Déjà, quand tu auras atteint 42 kilos, ce sera génial de voir tout le chemin parcouru.

Tu ne vas pas attendre d'être énorme pour sortir : tu dois partir avant.

Cette discussion m'oppresse, je n'ai pas envie de laisser la maladie nous prendre ces quelques minutes à trois, alors je change de sujet et je demande des nouvelles de mon frère.

— Oh, tu sais, il continue sa petite vie tranquillement. Toujours aussi travailleur ! plaisante Papa.

Maman confirme et ajoute :

— Quelque part, ça nous rassure qu'il ne se mette pas trop la pression.

— Et comment vit-il la situation ? Il parle de moi ?

Papa et Maman ne répondent pas immédiatement. Ils se regardent, ils ont certainement peur d'être maladroits.

— Tu sais, il ne dit pas grand-chose, mais ça ne veut pas dire qu'il ne pense pas à toi !

— En fait, il ne veut pas trop en parler, et dans le fond, ça nous aide beaucoup. Grâce à lui, on arrive à discuter d'autres choses que de ta maladie, et ce n'est pas plus mal. C'est une façon de nous protéger.

Je suis ravie d'entendre ces paroles. J'avais tellement peur de bouleverser la vie de mon frère. En réalité, je suis même fière de lui : on sait tous qu'il est touché par mon hospitalisation, mais il a trouvé la force de continuer à vivre comme avant.

Il est déjà l'heure de se dire au revoir, et je ne sais pas quand on se retrouvera. C'est douloureux, toutes ces séparations.

Une fois que je suis seule, Sandrine vient me voir et s'installe à côté de moi.

— Solène, je dois vous parler de quelque chose.

Elle me fait un joli sourire, ça ne doit pas être bien grave.

— Vous savez, ça fait déjà trois semaines que vous êtes ici et les choses n'avancent pas beaucoup, surtout au niveau du plateau. Il y a deux semaines, on vous a proposé de vous servir un demi-plateau et vous avez refusé.

En effet, on m'avait dit que c'était le minimum et que j'étais donc dans l'obligation de finir tout ce qu'on me servait. Sauf que je suis incapable de manger la moitié d'une part de pizza, je préfère manger tous les légumes et laisser le reste. En fait, là encore, je n'ai pas le choix : les aliments gras me font peur et quelque chose me bloque à chaque fois. Elle reprend :

— Ce qu'on va faire, c'est vous donner des objectifs progressifs. On va commencer par noter ce que vous mangez actuellement et on fixera chaque semaine un nouvel objectif, en introduisant certaines choses.

Je lui réponds que je suis d'accord parce qu'il le faut, mais au fond de moi je ne suis pas prête.

Tu ne vas pas tomber dans leur piège ! Pourquoi tu n'as pas refusé ?

Je mange actuellement la moitié de l'entrée et du plat chaud, et le dessert uniquement si c'est un fruit. Mes objectifs, après leur réajustement pour cette semaine, sont donc de trois quarts de l'entrée et le dessert au complet, quel qu'il soit.

Les doutes m'assaillent. Je ne sais pas si je vais y arriver, ça me paraît insurmontable pour le moment. J'ai l'impression que je ne réussirai jamais à guérir, que je n'ai pas la force de me battre. Je ne suis tout simplement pas assez courageuse… Et tout le monde va s'en apercevoir.

38.

Je suis fatiguée, même épuisée, je me suis réveillée à 4 heures cette nuit. C'est comme si j'avais une sonnerie interne qui se déclenche, car toutes les nuits je me réveille à cette heure-là. Je suis alors envahie par la peur et les doutes. Mon constat est simple : j'ai supprimé toute nourriture grasse et sucrée, pourtant, j'ai toujours aussi peur de grossir. Et j'ai beau peser 33 kilos, je ne vois aucune différence dans le miroir. Je n'arrive pas à comprendre comment je vais m'en sortir. Ça m'effraie.

Cette après-midi, j'ai participé à un atelier sur la confiance en soi qui a été très instructif. Nous avons vu que, pour être confiant, il fallait s'aimer et ne pas être trop exigeant avec soi. C'est l'occasion pour moi de me rendre compte que je me fixe toujours des objectifs bien trop élevés. Par exemple, la psychologue, à un moment, m'a demandé : « Est-ce qu'avant de venir ici, tu t'attendais à ce que je sois la meilleure soignante de tout l'hôpital ? Et si oui, t'es-tu dit que si je ne l'étais pas, tu ne m'aimerais pas ? » La réponse était clairement non dès la première question, et j'ai pris conscience que mes exigences envers moi-même étaient démesurées.

Nous avons aussi parlé de notre tendance à toujours imaginer ce qui se passe dans la tête des autres. Nous avons évoqué ces pensées, ces interprétations, ces histoires qu'on s'invente toutes. Comme lorsque je crois que quelqu'un ne m'apprécie pas, alors que la personne en question ne s'est même jamais posé cette question… Bref, j'ai appris beaucoup sur moi-même aujourd'hui, et il faut maintenant que j'arrive à transformer les « Je devrais être moins exigeante » en « Je *dois* l'être moins ».

Et puis, à cet atelier, j'ai revu Lilou et Anna et on en a profité pour se faire passer des mots. C'est le seul signe de vie que j'aie dans mon isolement. Papa, Maman et Lucas me manquent, mes copines aussi ; tout est trop difficile ici. J'ai même essayé de parler à Anna en allant quelques minutes dans sa chambre, mais Justine nous a vues. Du coup, je n'ai pu rester que cinq minutes, juste le temps de voir à quel point elle est maigre et a l'air malade. Sinon, avec Lilou, c'est vraiment très fort entre nous. À travers tout ce qu'on s'écrit, on a l'impression d'avoir vécu les mêmes choses. Heureusement qu'elle est là, elle est un peu ma bouée de sauvetage. Au moment où je voyais tout en noir, où je pensais avoir touché le fond, elle est arrivée pour me sauver de ce mal-être qui me faisait perdre le goût de vivre. Elle m'aide à tenir le coup, à ne pas devenir folle.

Voilà Katerina qui entre dans ma chambre pour discuter un peu ; elle a sûrement remarqué que je suis mal.

— Est-ce que tes parents et tes amis te manquent ?

— Oui, atrocement, je lance timidement. En plus, je m'en veux de ne pas avoir pleuré quand je les ai quittés, comme si j'étais contente de les abandonner. Ils doivent me détester.

— Tu sais, les émotions se bloquent avec la maladie. Et finalement, c'est de cette façon que tu te protèges du monde. Tu t'es fabriqué une sorte de carapace, tu t'es mise dans une prison. La nourriture prend toute la place et tu en oublies ton chagrin. Mais ce n'est pas cela, vivre.

— Je ne comprends pas comment j'en suis arrivée là ! Je réussissais beaucoup de choses, j'avais des parents aimants, des amis géniaux et tout s'est écroulé.

— Tu es intelligente et travailleuse, tu aimes tout contrôler, mais ce n'est pas le meilleur moyen de réaliser ses rêves. Nous savons que tu as peur et que tu fais de ton mieux, mais parfois il faut accepter l'aide des autres. Même les plus forts en ont besoin. On est là pour ça !

Cette discussion m'apprend tellement de choses, tout est plus clair : je comprends que je me sens à l'abri avec cette maladie. Pour moi, elle est comme un cocon, une zone de confort, un endroit où je suis en sécurité puisque j'y suis seule. Dans le fond, je sais qu'elle me fait du mal, mais c'est tellement moins effrayant de rester prisonnière de l'anorexie que de devenir une adulte, d'affronter les angoisses et les soucis de la vie. La maladie me fait tout simplement croire que seule, je me porte mieux, et que, grâce à elle, je contrôle toute ma vie.

Mais je ne dois pas m'y fier, je dois me battre contre cette petite voix ; je vais accepter ces objectifs et les respecter.

Sûrement pas ! Tu ne peux pas, c'est trop.

39.

On frappe à ma porte, c'est encore Katerina. J'ai de la chance, c'est l'infirmière avec laquelle je me sens pour l'instant le plus à l'aise. Elle entre avec un sac rouge dans la main. Il me semble que c'est un sac Disney. Oui, c'est bien ça ! Alors ça veut dire qu'Inès et Coralie sont venues et que je n'ai rien entendu. C'est pas vrai !

— Tiens, de la part de deux copines.

Elle me tend le sac. C'est trop gentil ! Katerina part, me laissant seule avec mon bonhomme de neige Olaf. Coralie et Inès sont allées à Disneyland ensemble le week-end dernier. Normalement, j'aurais dû y aller avec Inès, mais l'hospitalisation a tout chamboulé. En tout cas, je suis tellement heureuse qu'elles aient pensé à moi, je les aime trop ! C'est vraiment touchant ! Quand je pense qu'elles étaient là, dans le service, à vingt mètres de moi, et que je n'ai pas pu les voir... Elles me manquent terriblement !

La collation vient d'être servie. Boostée par les marques d'affection de mes amies, je décide de la manger. Je ne peux pas la laisser, j'ai envie de m'en sortir, j'ai envie de vivre ma vie d'adolescente, d'aller avec mes copines faire du shopping, de voyager. Je veux GUÉRIR !

Pourtant, le petit-beurre englouti, je le regrette aussitôt.

Espèce de grosse vache, tu vas prendre énormément. Tu veux redevenir comme avant ? La grosse et moche Solène ? Tant pis pour toi, tu vas le regretter ! C'est le biscuit de trop !

Le docteur F. s'installe dans un fauteuil en face de moi.

— Alors Solène, parlez-moi un peu de vous. Vous semblez triste. Avez-vous oublié ce garçon ?

— Pour être sincère, non. Je me pose encore beaucoup de questions.

Il parle bien sûr d'Eyvan, car, lors de notre dernier entretien, j'ai réussi à me confier à ce sujet. J'ai reconnu que cette rupture m'avait fait beaucoup de mal et que je n'arrivais pas à me sortir de l'idée qu'il m'avait quittée simplement parce que je n'avais pas été à la hauteur.

— Vous savez, arrêtez de vous en vouloir pour tout. C'était une relation comme une autre, comme toutes les histoires d'amour à cet âge, ça ne dure pas forcément !

— Mais j'ai fait n'importe quoi, je n'arrêtais pas de me plaindre de mes cuisses, de mon ventre, et j'étais mal à l'aise à chaque fois qu'il me touchait... Il a dû me trouver nulle !

— Non, Solène, l'amour ne se contrôle pas. Il ne vous a pas quittée à cause d'une chose que vous avez faite, il a seulement eu envie d'autre chose. C'est un choix qui lui appartient, arrêtez de vous remettre en cause sans cesse. Prenez confiance en vous, pensez à toutes les personnes qui vous aiment.

Je lui explique alors que, dans le fond, cette rupture est simplement arrivée au mauvais moment. Mes parents avaient alors beaucoup de boulot, ils étaient également préoccupés par l'état de santé de mes deux grands-pères. Du coup, absorbés par leurs soucis, ils n'ont rien vu de mon mal-être, de ma tristesse. Et même si je sais qu'ils m'aiment, là, il me semble que j'avais vraiment besoin qu'on me le prouve, j'avais besoin de me sentir importante pour quelqu'un.

Le docteur F. me demande :

— Vous vous sentiez seule, dans ces moments-là ?

— Oui, mais mes parents n'y pouvaient rien.

— C'est vrai que ce n'est pas leur faute, mais il doit bien y avoir une raison pour que ça vous affecte autant. Solène, vous avez des fragilités, c'est pour ça que ça vous a fait tant de mal.

Un long silence s'installe, puis il reprend :

— Et au niveau des repas, vous en êtes où ?

— On m'a donné des objectifs que je vais essayer de tenir cette semaine, mais cela me terrifie.

— Je comprends que vous vous sentiez mal en voyant toute cette nourriture, mais elle ne vous fera aucun tort, ce n'est pas un ennemi. Dites-vous que c'est comme un traitement que je vous donne et que vous n'avez pas le choix.

L'échange s'arrête sur ces paroles qui me laissent en sanglots. Comment faire lorsque le traitement est impossible à prendre ?

Isabelle.

Cette après-midi, mes amies proches m'avaient proposé une longue balade dans la campagne. J'enrageais de savoir ma fille privée d'extérieur depuis des mois et je culpabilisais donc à l'idée de profiter de cette belle journée ensoleillée. Mais j'en avais vraiment besoin pour évacuer toutes mes angoisses.

Et puis les paroles de la psychologue me sont revenues : « Ne vous oubliez pas ! »

40.

Aujourd'hui, c'est la deuxième fois que je vois Papa et Maman, mais c'est surtout les retrouvailles avec mon frère. Normalement, je n'aurais pas dû les revoir aussi vite, mais nous avons été intégrés dans un protocole de thérapie multifamiliale. Je ne réalise pas. Et je réalise encore moins quand je vois la réaction de Lucas… Je ne m'attendais pas à ce grand cri de joie, ce n'est pas son genre d'être démonstratif. D'ailleurs, même quand il me sourit, je le sens très ému, ça me fait tout bizarre. On tombe dans les bras l'un de l'autre, je suis tellement heureuse qu'il soit près de moi ! J'imagine en plus qu'il n'en avait pas spécialement envie. Pour lui qui n'aime pas parler, et encore moins de mon anorexie, ça risque d'être compliqué. Pourtant, il est là ! Il est venu pour moi, pour me retrouver.

Une fois l'émotion passée, nous rejoignons donc cinq autres patientes, dont Anna et Lilou, ainsi que leurs parents, frères et sœurs.

— Est-ce que les familles veulent nous faire part de leur ressenti après les échanges qui viennent d'avoir lieu ? demande le psychologue.

On vient de pratiquer une activité durant laquelle les membres de chaque famille étaient séparés et devaient individuellement fabriquer un « camembert » incluant la maladie, en matérialisant leurs différentes tranches de vie proportionnellement à l'importance qu'ils leur accordent actuellement. Pour presque tous, la maladie prenait une part très importante. Cela a donné lieu à de nombreux échanges. Tout le monde a bien participé et les larmes se sont invitées. Lucas m'a rassurée, car pour lui, la maladie existe, mais elle ne prend pas trop de place dans sa vie. Par contre, Papa et Maman lui ont réservé de grosses portions, ce qui ne m'étonne pas puisque je sais qu'ils souffrent beaucoup. Lilou ose prendre la parole :

— J'ai vu que mes parents y pensent beaucoup, et c'est très culpabilisant. Je m'en veux de leur infliger ça.

— Oui, je complète, on a l'impression que tout est notre faute, que leur bonheur est fini et qu'on les prive de vie alors que tout allait bien avant…

J'ai réussi à dire exactement ce que je pense devant tout le monde, et ça me libère. Ma mère pleure encore. Je sais qu'elle a envie de dire que ce n'est pas vrai, mais ses larmes montrent justement à quel point j'ai raison.

La maman d'Anna s'exclame :

— Les filles, ce n'est pas votre faute, on le sait, vous ne voulez pas nous faire souffrir, c'est seulement la maladie. Quand on se disputait à la maison, quand on s'énervait, quand on pleurait, on exprimait notre colère contre la maladie et non contre vous.

Tout est dit, je vais essayer de moins culpabiliser, bien que la douleur de voir mes proches tristes ne me quitte pas. En tout cas, même si, comme je le pensais, mon frère ne s'est pas énormément exprimé, dans ses remarques, j'ai ressenti quelque chose de très fort. C'est compliqué à expliquer, mais grâce à lui, je me sens prête à me battre avec plus d'énergie encore. C'est comme s'il m'avait soufflé à l'oreille : « Soso, bouge-toi, reviens s'il te plaît, c'est trop difficile sans toi. »

Gilles.

J'appréhendais un peu ce protocole où il faudrait parler devant tout le monde.

Nous sommes entrés dans la salle un peu après les autres. Sur les six familles présentes, nous étions quatre papas à porter des baskets de trail ! Et même si au fond de moi, je savais très bien que tous les enfants de sportifs ne deviennent pas anorexiques, que les causes sont multiples et que cette maladie touche surtout les enfants prédisposés, je ne pouvais pas m'empêcher de culpabiliser.

J'ai fait part de ma remarque à l'assemblée et, en le faisant, j'ai soudain compris que ces séances nous feraient tous avancer. En effet, chacun se sentait coupable et ces échanges entre nous et les différents intervenants – psychologues, infirmiers – nous montraient bien que personne n'était responsable.

Il était temps de ne plus nous apitoyer sur notre sort et de nous concentrer sur ce que nous pouvions faire pour améliorer l'état de santé de nos enfants.

41

Pour me changer les idées après cette matinée difficile, l'infirmière Justine m'a proposé de me coiffer. Elle est très douée et m'a déjà fait une tresse en épi, une précédente fois. Aujourd'hui, ce sera un chignon haut.

Avant, je ne me coiffais jamais, ou alors très rapidement, prétextant que c'était une perte de temps et que j'avais des choses plus importantes à faire. Les rares fois où ça m'arrivait, c'était parce qu'une copine me suppliait.

La coiffure terminée, je me regarde dans la glace et me trouve assez jolie.

Tu es moche, tu as de grosses joues.

Une jeune femme prénommée Zoé entre dans ma chambre. C'est une infirmière de nuit. Il est déjà 22 heures. Elle est splendide, brune avec des cheveux assez courts et une mèche. Elle a l'allure d'une vraie femme, un beau corps, de belles formes, de la poitrine, des fesses. Elle est parfaite. J'aimerais tellement être comme elle avec une vraie silhouette de jeune fille... Je me rends compte que, même si je ne me vois pas maigre, à force de me l'entendre dire, je commence doucement à intégrer que je le suis. Je veux que mon corps m'appartienne de nouveau et me sentir comme Zoé, qui est magnifique.

Affreuse, hideuse, tu ne veux pas être grosse !

L'infirmière s'en va et j'attends quelques minutes. Ce soir, je dois aller clandestinement dans la chambre de Lilou. Comme elle est en perte de poids, le médecin l'a fait déménager pour la rapprocher du bureau des infirmiers, ce qui fait que désormais nous sommes côte à côte. On a déjà échangé pas mal de mots. D'ailleurs, l'infirmière Myriam nous a vues et nous a fait des remontrances. Mais ce soir, c'est comme une pulsion, c'est plus fort que nous, on a besoin de se parler, de sortir de notre solitude pour quelques minutes seulement.

— Soso ! s'exclame joyeusement Lilou.

Ses yeux pétillent. La tristesse est présente, mais le fait de se voir en tête à tête pour la première fois nous redonne un peu l'envie de guérir, d'y croire ! Je lui fais mon plus beau sourire et dit :

— Tu as vu, ce soir, c'est Zoé. Tu ne la trouves pas trop jolie ?

— Ah si, carrément ! Et puis elle a l'air heureuse et bien dans sa peau.

— Oui, c'est beau…

— Tu sais, on était pareilles avant la maladie, même si ça nous paraît tellement loin…

— Oui, c'est sûr… En fait, je me rends compte que la maladie était là depuis pas mal de temps, que je ne voulais simplement pas l'admettre.

— Toi aussi tu essayais de te cacher, genre tu disais que tu avais déjà mangé ou alors trop mangé le midi ?

— Exactement ! J'y crois pas, on faisait la même chose ! Et le sport, tu te cachais ?

— Oui, j'allais courir tout le temps, il m'arrivait même de faire des exercices dans ma chambre.

— C'est vrai ? je demande, choquée. Parce que moi aussi, et même la nuit !

On explose de rire toutes les deux. La situation n'est pas drôle, mais trouver autant de similitudes dans nos histoires, ça fait du bien.

— Et pour toi, avec tes copines du lycée, c'était compliqué ?

— J'en avais marre, répond-elle. Je les voyais toutes faire des régimes, j'avais toujours l'impression qu'elles mangeaient moins que moi et que j'étais la plus grosse !

En l'entendant dire ça, d'un coup, je comprends tout ! Inès n'était pas au régime, c'est moi qui avais un problème, j'étais obnubilée par les quantités. En fait, c'est la maladie qui contrôlait tout. Ce que mangeait Inès prenait une grande importance simplement parce que je me comparais à elle. Ça me travaillait tellement que je n'ai pas pu m'empêcher d'en parler à mes parents. En réalité, j'étais déjà complètement assaillie par ces problèmes de nourriture, au point de faire un transfert sur la pauvre Inès qui n'avait rien demandé à personne. Je m'en veux tellement !

Lilou continue :

— Tu arrives à manger tes plateaux ?

— Ben, ça dépend. Parfois je me dis : « Tu veux guérir alors il faut manger, ne sois pas stupide, c'est pas si compliqué ! Force-toi pour tes parents, pour les autres, on s'en fout d'être maigre. » Mais il y a toujours cette voix qui revient et passe par-dessus tout, qui m'ordonne de ne pas y toucher.

Quand je me tais, je vois dans ses yeux qu'il s'est passé quelque chose… Je viens de décrire tout ce qui trotte dans sa tête. Elle vient de trouver quelqu'un qui la comprend. Je lui prends la main et la regarde. Je ne m'étais pas trompée, c'est une fille extraordinaire. À ce moment-là, je pense à une superbe citation qui résume parfaitement mon ressenti :

Il est des êtres dont c'est le destin de se croiser. Où qu'ils soient. Où qu'ils aillent. Un jour ils se rencontrent.

Gilles.

Cela faisait déjà plus de trois mois que Solène était hospitalisée. Après avoir d'abord continué à maigrir, elle commençait juste à remonter un tout petit peu la pente. Les pesées étant régulières, nous nous réjouissions d'une prise de 100 grammes ! Vu de l'extérieur, ça paraît ridicule, mais notre vie était rythmée par les appels du soir avec leur lot de bonnes et de mauvaises nouvelles. Nous avons alors fini par accepter, même si c'était très dur moralement, que certaines semaines Solène perde un peu. Ces petites pertes étaient nécessaires et servaient en quelque sorte d'électrochocs. Dans sa tête, la petite voix lui disait en permanence qu'elle avait trop mangé, mais la balance, elle, lui rappelait que la petite voix mentait !

Grâce à ses progrès, elle a eu droit de nous envoyer une lettre par semaine, mais sans pour autant avoir accès à ce qu'elle recevait. Ç'a été un peu déstabilisant de lui écrire en ne sachant pas quand elle pourrait nous lire. Mais ça nous faisait du bien. Les premières semaines je lui ai même envoyé des SMS avec l'espoir qu'elle les reçoive. J'ai su bien plus tard qu'elle ne les verrait pas avant longtemps.

Isabelle.

C'était toujours moi qui relevais le courrier et, forcément, je reconnaissais l'écriture de Solène entre mille. Mais je n'ouvrais jamais sa lettre tout de suite. Nous avions instauré un rituel, Gilles, Lucas et moi. Nous attendions d'être tous les trois à la maison et disponibles, nous nous installions confortablement dans le canapé et, enfin, nous découvrions ensemble les mots de notre petite étoile. On pénétrait dans « son monde », un monde rétréci dont les frontières étaient celles de sa chambre ou, au mieux, du service.

Les larmes, enfin surtout les miennes, s'invitaient à chaque fois. Et, curieusement, les éclats de rire aussi. Car Solène, certainement pour dédramatiser la situation, nous livrait quelques anecdotes amusantes. Malgré sa souffrance, elle a toujours été soucieuse d'alléger notre peine…

42.

On m'a annoncé un entretien avec le docteur H. J'entre dans son bureau, l'ambiance est froide. Avec un regard sévère, elle me demande comment je vais. Après avoir murmuré : « Bien », un grand blanc s'installe. Je sais qu'elle en attend davantage, mais si je dis tout, je ne m'arrête plus et je n'en ai aucune envie. Elle me demande comment se passent mes pesées. Comme si c'était un mystère ! Je suis bien obligée de répondre :

— J'avais reperdu un peu de poids, mais là je commence à remonter.

— Et vous acceptez de reprendre du poids ?

— Ben… Quand c'est 300 grammes, ça va, mais si c'est 500 grammes, j'ai peur que tout aille trop vite.

— Solène, si vous continuez comme ça, on ne va pas avancer. Ça fait déjà deux mois et demi que vous êtes ici et vous êtes encore au-dessous de votre poids d'entrée.

Je ne sais pas quoi lui répondre. Elle me regarde puis feuillette un dossier pour sortir ma courbe de poids, qui descend puis stagne autour des 33 kilos. Elle soupire avant de changer de sujet :

— Vous savez que vous n'avez pas le droit de vous passer des mots avec les autres patientes ?

Je baisse la tête, coupable. Je sais que l'infirmière avait le devoir de rapporter ces faits aux médecins. Je me sens nulle. Elle poursuit :

— Pour une adolescente c'est amusant de transgresser les règles, mais ici vous êtes dans un cadre strict, ce n'est pas possible ! Ce n'est pas contre vous, mais pour vous protéger, alors qu'on ne vous y reprenne plus. Sinon, vous avez des questions ?

Je suis très mal. Elle enchaîne sans me laisser réfléchir et j'en oublie mes mots. Je voulais lui demander un droit de visite pour mon anniversaire la semaine prochaine. J'hésite, puis je me lance :

— Est-ce que pour mon anniversaire, mardi, je pourrais avoir une visite de mes parents ?

— Hum… Je ne sais pas. Vous imaginez quoi, vous ?

— C'est-à-dire ?

— Combien de temps ?

— Une heure, peut-être ?

— Exceptionnellement, je vous l'accorde, mais n'oubliez pas qu'en temps normal vous ne l'auriez pas eue, cette visite.

Décidément, aujourd'hui, mes rendez-vous s'enchaînent. À présent, c'est le docteur F. qui m'emmène dans son bureau.

Toujours à nos places habituelles, il commence :

— Alors Solène, comment vous sentez-vous ?

— J'ai de plus en plus de mal à supporter la solitude. Le manque de ma famille et de mes amis est énorme.

— Vous avez beaucoup d'amis ?

— Je ne sais pas si on peut dire beaucoup, mais j'en ai. Je ne suis pas solitaire.

— Ce sont de très bons amis ?

— Oui, la plupart sont proches.

— Vous arrive-t-il malgré tout de vous disputer ?

— Cela arrive, mais c'est rare.

— Vous souvenez-vous de la dernière fois ?

Sans que j'aie pu y réfléchir avant, comme ça, il me pose une colle.

J'essaie de faire défiler les derniers mois dans ma tête, mais je me rends compte que j'étais tellement faible durant cette période que je n'avais même pas la force de répondre aux autres.

La seule dispute qui me revient, c'est celle de cet été, en Belgique, avec Coralie.

— Nous étions parties dix jours avec la MJC de notre ville, avec mes deux meilleures amies, et là-bas je me suis embrouillée avec l'une d'elles.

— Vous vous êtes sentie triste ?

— Oui, bien sûr.

— Et est-ce que vous vous êtes sentie seule ?

— Non !

Pourtant, au fond de moi, c'est exactement ce que j'ai ressenti, mais je me retiens de le dire. Ça ne se fait pas. Je ne vais pas dire du mal de Coralie. Et puis, elle n'y est pour rien, c'est moi qui l'avais énervée.

— Avez-vous vécu d'autres moments comme celui-ci ?

— Oui, une période au collège a été très difficile.

— Expliquez-moi, Solène.

— J'étais très proche d'une fille, Manon. Un jour, nous nous sommes disputées, et je me suis retrouvée seule. J'étais sûre que tout le monde me haïssait et je l'ai très mal vécu.

J'hésite un instant. Cette histoire est encore douloureuse pour moi. Je crois même que je ne suis pas loin de pleurer, je sens les larmes qui montent. Mais je sais que j'ai besoin d'en parler, qu'il le faut, alors je reprends :

— J'allais m'enfermer dans les toilettes pour appeler mes parents, je ne voulais plus aller en cours. Manon était ma meilleure amie et, du jour au lendemain, je n'ai plus rien été pour elle.

— Comment expliquez-vous son comportement ?

— Tout est ma faute, j'ai fait n'importe quoi en sortant avec des garçons sans discernement. J'ai vraiment honte.

— Ce ne sont que des histoires d'enfants, personne ne mérite ça, même si vous avez commis des erreurs. Ce sont encore des amis actuellement ?

— Non, ils sont dans mon lycée, mais je ne leur parle plus.

— Solène, j'ai déjà évoqué le risque de rechute dans l'anorexie, je ne veux pas vous revoir ici trois semaines après votre sortie. Avez-vous déjà pensé à un changement de lycée ?

Non, jamais je n'y avais pensé. Pourquoi il me dit ça ? J'évite de répondre et je change de sujet :

— Mais comment des histoires de collège peuvent jouer sur ma maladie ?

— Lorsque votre petit copain vous a quittée, vous vous êtes sentie seule, pas vrai ?

J'acquiesce d'un signe de tête, puis il continue :

— Cette rupture vous a rappelé les moments où vos parents étaient accaparés par d'autres préoccupations. Mais ce sentiment d'abandon vient de plus loin. Pendant les vacances, la dispute avec votre amie a fait écho à cette période du collège très douloureuse pour vous. C'est donc une multitude d'événements qui vous ont fait perdre votre confiance en vous. Et l'anorexie est inconsciemment un moyen d'éviter ces souffrances, d'éviter le danger, de vous enfermer seule dans une prison pour moins souffrir en cas d'échec.

Je suis abasourdie. Cet homme, sans me connaître, a su résumer tout ce que j'étais incapable de définir moi-même.

Lilou me dit de venir m'asseoir sur son lit à côté d'elle. C'est la troisième fois qu'on se voit le soir après le passage des infirmiers de nuit.

— Ça va ? je lui demande.

— Pas trop trop. J'ai fait une crise de spasmophilie tout à l'heure…

Elle s'arrête d'un coup car la porte s'ouvre : c'est une infirmière de nuit ! Elle m'ordonne de retourner dans ma chambre.

Je me mets directement dans le lit, la tête enfoncée dans les coussins, j'ai envie de crier, de tout casser, je n'en peux plus de cet hôpital, tout est trop douloureux, je voudrais retourner à la maison revoir Papa et Maman. Vivre une vie normale. Je sais que cette nuit va être atroce et je m'en veux terriblement.

Le lendemain matin, l'infirmière entre dans ma chambre en prononçant la petite phrase qui précède habituellement l'entretien médical : « Le docteur H. veut vous voir. » Mais cette fois, j'ai vraiment peur d'y aller. Je redoute ce qu'elle va me dire. La traversée du couloir me paraît interminable. Après quelques formules de politesse, elle entre dans le vif du sujet.

— Il me semble que je vous ai déjà reprise à propos de la règle qui interdit tout contact avec les autres filles. Ce n'est pas la première fois qu'on m'apprend votre envie de parler avec les autres.

Je m'excuse et me mets à pleurer.

— Qu'est-ce qui amène ces larmes ?

Ces larmes, comme elle dit, me prennent au dépourvu. Ça fait tellement longtemps que mes émotions se sont mises en veille. Je suis aussi surprise que soulagée de voir que je peux encore ressentir des choses. Mais du coup, je suis incapable de parler. Et puis, comment lui faire comprendre à quel point je m'en veux ? Comment lui dire que c'est plus fort que moi ? Que je ne supporte plus cette solitude ? Avoir une amie si proche ici me fait du bien. Pourquoi m'en priver ? Peut-être que c'est aussi une façon de nous montrer que l'on doit se battre pour pouvoir sortir de cet isolement. Elle me regarde dans les yeux et c'est déstabilisant.

— Si on vous reprend à faire ça, c'est vous qu'on va mettre en cadre fermé, et vous n'aurez plus le droit de sortir de votre chambre. Je ne sais pas ce qui vous pousse à transgresser les règles, si c'est simplement le désir de ne pas les respecter ou autre chose. Je ne veux pas le savoir, mais vous savez ce que vous avez à faire maintenant.

Tout est clair, elle a été cash !

43.

Nous sommes le 2 juin, c'est mon anniversaire ! Je suis surexcitée à l'idée de voir Papa et Maman, j'ai un nœud dans la gorge, même mon petit déjeuner ne passe pas. Je suis prête depuis 7 h 30, il fallait que tout soit organisé avant leur arrivée, que tout soit sous contrôle, j'ai trop peur de louper ne serait-ce qu'une minute avec eux. J'admets que je suis quand même un peu déçue que Lucas ne vienne pas. Les médecins n'ont pas voulu m'accorder trop de permissions d'un seul coup, sachant que je suis encore censée être en isolement. D'un autre côté, je ne vais pas me plaindre, je sais que j'ai déjà beaucoup de chance !

Ils arrivent, j'entends leurs pas. La porte s'ouvre et je les vois en larmes. À chaque fois, au moment des retrouvailles, l'émotion est très forte.

— Bon anniversaire, ma chérie !

Maman m'embrasse et Papa fait de même.

— Bon anniversaire, ma puce.

Ils ont tous les deux des sacs dans les mains. Après quelques échanges sur mon état de santé, Papa me tend deux paquets-cadeaux, que j'ouvre aussitôt. Le premier contient un flacon de parfum rose, super beau et qui sent très bon. Le deuxième est accompagné d'une carte où est inscrit : *Pour notre étoile !* Je déchire le papier délicatement, je vois une boîte, sûrement un bijou. C'est un collier en argent avec un pendentif en forme d'étoile, il est magnifique !

Pour finir, Papa me tend une enveloppe.

— Ce sont des petits mots de tes amis. Je sais que nous n'avons pas le droit de te faire passer du courrier, mais c'est quand même ton anniversaire. Par contre, ne t'inquiète pas si Coralie, Inès et Elsa n'ont rien mis, tu devrais avoir une surprise dans la journée.

Je vais avoir une surprise ! Waouh, c'est merveilleux, tout le monde est super avec moi ! Après quelques minutes de discussion, quelqu'un toque à la porte. C'est Justine, qui entre cachée derrière un énorme bouquet. Les fleurs sont violettes, bleues, roses, c'est sublime ! Et un petit mot dit :

Joyeux anniversaire !
On t'attend avec impatience pour souffler tes bougies. Tu nous manques.
Gros, gros bisous.
Tes princesses.

Les larmes montent, je me rends compte à quel point elles sont sincères. J'ai tellement de chance d'avoir des amies comme elles.

Finalement, la permission d'une heure passe beaucoup trop vite. C'est déjà le moment de dire au revoir à Papa et à Maman. Je les prends tous les deux dans mes bras et, quelques instants plus tard, me voilà à nouveau seule. J'ouvre une par une les cartes d'anniversaire. Elles sont toutes plus touchantes les unes que les autres. Mon équipe de basket m'a fait une jolie carte, les amis d'enfance m'ont écrit des petits mots, mes grands-parents aussi. Les attentions les plus émouvantes sont celles d'amis qui ont vécu, comme moi, des choses difficiles, des épreuves ou des maladies. Ils évoquent nos situations respectives et ça fait chaud au cœur de voir que je ne suis pas la seule à devoir lutter.

On va s'en sortir, Solène, tu vas t'en sortir ! Et on pourra être fiers de nous ! Tu pourras être fière de toi ! De notre combat, de ton combat...

Il y a aussi une dernière carte, c'est celle de mes parents. Même mon frère a écrit quelques mots. Rien d'extraordinaire, je dois bien le reconnaître, mais comme il n'écrit absolument jamais d'habitude, cette simple attention me touche sincèrement. Je suis heureuse. Une famille et des amis aimants, je n'aurais pas pu rêver mieux.

Ce matin, j'ai été réveillée par Lilou qui m'a déposé une lettre. Elle est magnifique, d'ailleurs ces quelques mots resteront gravés pour toujours dans mon cœur :

Solène,

Tu m'as apporté une chose énorme, tu m'as redonné foi et confiance en l'amitié !

44.

Ce matin, il y a eu la pesée : je suis à 34,1 kilos et c'est toujours aussi difficile à accepter. Je n'ai toujours pas atteint mon poids d'entrée alors que je me vois de plus en plus grosse.

Tu es énorme.

Les repas sont un peu plus faciles qu'auparavant, ou plus exactement un peu moins difficiles. Au niveau des objectifs, pour le petit déjeuner, je dois prendre le plateau complet. J'arrive à manger les quatre petites biscottes, mais toujours avec culpabilité. Aujourd'hui je veux m'en sortir, m'échapper de cette prison, alors peu importe si je souffre moralement, je dois finir. Le plus difficile va être le beurre, mais je vais le faire. Je le découpe en quatre morceaux de grosseur identique et en étale un sur une biscotte.

C'est de la matière grasse, tu en as trop, tu n'as pas besoin de tout ça. Tu vas grossir. TROP, TROP, TROP !

Je suis incapable de toucher aux trois bouts restants alors je récupère le beurre sur la biscotte déjà tartinée pour l'étaler sur les autres biscottes. C'est encore un échec de ne pas avoir pu manger ces quelques grammes de graisse. Je ne supporte plus ce combat permanent. Jusqu'à quand va-t-il durer ? Comment peut-on en arriver là aussi vite ? Si seulement je pouvais corriger le passé, supprimer des passages…

Dans la salle de bains, il y a ce miroir sur lequel je peux voir mon visage et mon buste. Ça m'effraie, j'y vois le reflet d'une fille complètement perdue. Solène-la-fille-sûre-d'elle n'est qu'une illusion. J'en ai bien conscience, même si j'essaie de m'accrocher à cette image que je me suis créée en prétendant que tout allait bien.

L'incontournable entretien hebdomadaire avec le docteur F. arrive. Comme chaque fois, je me demande de quoi il va me parler. J'ai l'impression d'avoir épuisé tous les sujets, et pourtant il me surprend toujours.

— Solène, à quel moment avez-vous commencé à vous soucier de votre physique ?

— L'été dernier, j'ai commencé à faire du sport car je voulais perdre un peu de poids.

— Et avant, vous étiez indifférente à votre apparence ?

— Non, je dirais que depuis le collège, tout a pris de l'importance. À l'adolescence. Même si je ne cherchais pas à maigrir, j'enviais les filles plus minces.

— Et petite, c'était comment ?

— Je ne me posais pas de questions. J'étais insouciante.

— Vous aimeriez revenir à cette période ?

— Je n'y ai jamais réfléchi, mais c'est vrai que tout était plus simple. À cet âge, personne ne se soucie des garçons, de son style vestimentaire ou du nombre de calories du goûter. Finalement, j'aimerais beaucoup revenir à ce temps-là, lorsque je ne pensais pas au regard de l'autre. Depuis le collège, j'essaie de montrer que j'ai confiance en moi, j'essaie de cacher mes faiblesses, comme si je jouais un rôle. Au fond, je suis perdue, c'est tellement difficile de grandir.

Après un blanc, je reprends :

— Oui, j'étais heureuse quand j'étais une petite fille.

— Vous savez, avec l'anorexie, vous êtes en quelque sorte redevenue une petite fille. Vous avez en partie perdu vos hormones féminines, votre poitrine, comme si tout cela vous permettait de vous protéger. Redevenir cette petite fille vous ramènerait à l'insouciance, à cette période sans souffrances, mais ce n'est pas la solution ! Nous, ce qu'on veut voir en Solène, c'est une belle jeune fille avec des formes. C'est ce qui arrive en grandissant et c'est normal.

Je suis en sanglots, une fois de plus. Tout ce qu'il me dit est tellement juste ! Je ne suis plus qu'une petite fille et cela doit changer. Je dois lutter encore et encore, mais où trouver la force ?

Je me réveille à 2 heures du matin, tout est embrouillé dans ma tête. J'ai fait un cauchemar dans lequel Eyvan se moquait de moi lors de mon retour à la « vraie » vie. Il me trouvait grosse et disait que j'avais fait semblant d'être malade. Dans ce cauchemar, mes plus proches amies – Inès, Coralie, Elsa, Marie – m'ignoraient à ma sortie de l'hôpital.

Évidemment, je sais que ce n'est pas la réalité, mais j'ai quand même pleuré toute la nuit sans savoir pourquoi.

45.

Après deux semaines d'attente, le moment que j'attendais est enfin arrivé : la séance familiale avec la psychologue. Sandrine vient me chercher et m'accompagne dans le bureau que je connais par cœur, puisque c'est celui du docteur F. La psychologue est assise et mes parents lui font face. Elle explique que le docteur F. n'est pas là et qu'elle lui a donc « piqué » son espace.

Le sujet de mon état de santé est vite balayé, car rien n'a évolué depuis le dernier rendez-vous. Très vite, nous parlons de ce qui m'a conduite vers la maladie, à savoir mon perfectionnisme. Papa évoque nos ressemblances, lui aussi se donne une image. Il est loin d'être aussi confiant qu'il le paraît, mais comme moi, il veut toujours bien faire. Pas de place pour la médiocrité !

Maman, quant à elle, est très sensible. Elle se dévalorise et la moindre critique lui fait mal. Là encore, exactement comme moi. Tous les trois, on va devoir travailler sur ces aspects. Pour finir, nous parlons de mon moral.

— Ça va mieux, les temps de repas sont moins pénibles et la séparation moins difficile, je m'habitue au service.

Au fond de moi, je sais que ce que je viens de dire est faux, mais mes parents souffrent déjà assez comme ça !

— La thérapie s'est bien passée, Solène ? me demande Katerina en entrant dans ma chambre.

— Oui, très bien. Ça me remonte le moral de voir mes parents.

— On m'a dit que tu t'habituais au service, c'est vrai ?

— Oui, enfin, c'est toujours l'hôpital, mais je m'y fais.

— Tu es sûre de ça ?

Les larmes me prennent par surprise et roulent sur mes joues.

Katerina s'en aperçoit et, avant de me laisser seule dans la chambre, me dit :

— Tu sais, Solène, on ne peut pas tout le temps protéger les gens. Tout ce qu'on peut faire, c'est les aimer.

Sandrine veut me parler pour revoir mes objectifs alimentaires. On s'installe dans une pièce du service et elle sort ma fiche. Jusqu'à présent, j'ai augmenté les quantités progressivement. La seule chose qu'il me reste à ajouter, c'est la moitié du pain, et je serai au plateau complet. Cela peut paraître ridicule, mais tout manger me semble insurmontable.

— Bon alors, comment vous en sortez-vous, Solène ?

— Je prends petit à petit du poids, mais c'est très lent.

— Est-ce que vous êtes prête à en prendre ?

— Oui, c'est ce que je veux. Enfin, je ne sais pas.

Non, tu ne veux pas, tu pèses déjà beaucoup.

Je veux en prendre car je veux guérir, mais c'est difficile à accepter.

— Je vous rappelle que vous n'êtes toujours pas revenue à votre poids d'entrée et, à mon avis, c'est au niveau psychologique que ça se joue. Vous ne vous relâchez pas assez et c'est pour ça que la reprise ne s'amorce pas. Il vous faut quelque chose pour décoller. Sur les objectifs, vous en êtes où ?

— J'arrive à les respecter à peu près à chaque fois, il me reste le demi-pain à intégrer, et j'accepte de le faire.

Je mens, j'aimerais ne jamais le rajouter, mais je n'ai pas le choix, je dois montrer mon envie de guérir. Pourtant, je n'arrive pas à me persuader que reprendre du poids est une bonne chose, que manger plus me permettra d'aller mieux. J'ai peur de lutter, peur de souffrir. Sandrine me sourit et dit :

— On va donc mettre le plateau complet dans vos objectifs et si vous ne reprenez toujours pas de poids, on mettra des choses en place car il faut vraiment que ça bouge. Vous êtes ici depuis trois mois déjà !

Tout ça me terrifie, mais je dois accepter l'aide qu'on m'offre. Autrement, je ne m'en sortirai pas.

Ce midi, j'ai eu un repas thérapeutique avec une infirmière. Elle a laissé la moitié de son pain. Je sais qu'elle, elle n'a pas de troubles du comportement alimentaire, mais je le vis très mal.

Tu as mangé plus qu'elle, tu es grosse ! Personne n'a besoin d'autant de pain ! En plus, toi, tu es fainéante, tu restes assise, alors que l'infirmière bouge, elle !

Isabelle.

Après le départ de Solène, les repas en famille ont été beaucoup moins pesants. C'en était presque culpabilisant ! Chacun s'est remis à manger selon ses envies et sa faim ; plus personne n'observait nos assiettes ni n'intervenait si l'on faisait l'impasse sur un plat. Il n'y avait plus d'exemple à donner…

Bien souvent, nos amis nous appelaient pendant le dîner pour prendre de ses nouvelles. Si bien qu'un soir, alors que je me levais de table pour décrocher, Lucas s'est mis à nous hurler qu'il ne supportait plus ce téléphone, et qu'on pourrait au moins le couper pendant les repas !

Sa réaction, la colère et la tristesse qu'il exprimait d'un bloc ont été un électrochoc pour moi. Centrée sur ma propre peine, je n'avais pas mesuré la souffrance de mon fils. Je savais bien que, s'il n'exprimait pas grand-chose, il n'était pas indifférent à ce qui se passait. J'ai compris qu'il se mettait volontairement en retrait pour se protéger. Peut-être pour nous protéger aussi. Pour que nous n'ayons pas besoin de nous inquiéter davantage…

46.

Une nouvelle pesée : je stagne. Je sais que c'est lent. Mais c'est trop difficile. La peur et les doutes ne me quittent pas. Est-ce qu'un jour je vais m'en sortir ? La guérison me semble tellement lointaine…

Mais si aujourd'hui j'angoisse, c'est pour une tout autre raison. En effet, Lilou m'a appris hier que le médecin la priverait de thérapie multifamiliale si la pesée de ce matin révélait une perte de poids. Cela me semble tellement dingue, ils ne vont tout de même pas faire venir ses parents pour rien, ils n'oseraient pas le leur dire au dernier moment !

Je sors de ma chambre et aperçois au loin les parents de Lilou. Je comprends tout de suite qu'ils ne peuvent pas entrer dans le service. Paniquée, j'entrouvre la porte de la chambre de mon amie et la vois en larmes. Elle murmure :

— C'est dégueulasse, je les hais.

Un peu plus loin, je vois sa mère qui est dans le même état. Cette maladie est immonde, elle fait souffrir tout le monde. Je ferais tout pour que Lilou puisse sortir de sa chambre, mais je suis impuissante.

Sa mère me demande :

— Solène, tu pourras dire à Lilou qu'on l'aime très fort et qu'on croit en elle ?

Naturellement je le lui promets et rejoins mes parents pour la thérapie.

Au menu ce soir, il y a de la pizza et des carottes, mais, étant donné que j'ai une réelle aversion pour les carottes, elles ont été remplacées par des pâtes. Du coup, je me trouve face à un dilemme : la pizza, c'est déjà compliqué, alors me rajouter des féculents, c'est le summum. Sans compter qu'il faut aussi que je finisse mon pain… Je n'y arriverai pas, c'est certain, je dois faire un choix entre finir mes pâtes ou finir mon pain. Au bout du compte, et avec beaucoup de culpabilité, je ne vais laisser qu'un petit morceau de pain.

Tu verras, la prochaine pesée, tu vas être énorme, tu vas le regretter, personne ne mange comme toi.

Cette voix ne me quitte plus, me harcèle, et le seul moyen de m'en débarrasser, c'est de compenser. Soit je fais du sport, soit je me fais vomir. Ces pulsions me font me relever de ma chaise, mais immédiatement je me rassois. Non, je n'ai pas le droit de craquer, je dois me battre. Il faut que je me change les idées. La télé, ça n'a pas bien marché jusqu'à présent, même la concentration ne résiste pas à la pression. Du coup, j'augmente le volume sonore jusqu'à ne plus rien entendre que la télévision. Je tombe sur la publicité, mais ça ne fait rien : ce qui compte, c'est d'éviter de penser. Là, pour le coup, c'est raté…

Personne ne s'en doute tellement c'est banal pour un téléspectateur ordinaire, mais les pubs c'est l'enfer pour une anorexique. D'abord, toutes celles qui concernent les crèmes, pilules, leggings minceur sont terribles car elles vous rappellent en permanence qu'il faut être mince pour plaire. Ensuite, celles sur la nourriture sont affreuses. Après chaque enseigne de fast-food, ils ne peuvent s'empêcher d'ajouter : « Mangez cinq fruits et légumes par jour. » Ou alors ce sont des yaourts allégés, des céréales sans sucre, des gâteaux sans huile de palme… On ne s'en sort plus, comme si MAIGRIR était inscrit sur chaque publicité. Enfin, il y a aussi toutes celles qu'on ne soupçonne pas au premier abord : celles pour les voyages, les crèmes de beauté, les gels douche… Il y a toujours au premier plan une fille dénudée ou en maillot de bain avec des formes parfaites. Cela me rappelle en permanence à quel point je suis mal dans mon corps. J'éteins donc la télé.

47.

Le docteur H. entre brusquement dans ma chambre et s'assoit à côté de moi sur mon fauteuil. Je me demande bien ce qu'elle veut, car c'est la première fois qu'elle vient. Le contexte change, mais son absence d'émotions est toujours la même. Je n'arrive pas à deviner si elle va m'annoncer une bonne ou une mauvaise nouvelle. Elle commence :

— Solène, ce n'est vraiment pas contre vous, mais vous allez devoir changer de chambre.

Mes larmes coulent immédiatement. À cet instant, on ne m'explique rien, on ne me donne aucune raison qui justifierait cette décision. En revanche, cet événement est essentiel, car il me permet de me rendre compte un peu plus de ma fragilité. En fait, le changement me terrifie !

— Pourquoi ça vous met dans un tel état ? Je vais dire aux infirmières de vous donner un cachet.

Tu vois, même ici on ne veut plus de toi, tu ne sers à rien. On te met dans une petite chambre au fond car tu n'es pas malade.

Justine entre derrière le docteur H., qui vient de l'appeler, et me voit allongée sur mon lit, la tête dans le coussin, refusant de parler.

— Qu'est-ce qu'il y a de si grave, Solène ? En quelques jours à peine vous allez vous y faire.

— Non ! je crie après avoir hésité. Ici, j'ai toutes mes habitudes ! Là-bas, je vais me sentir mal et ça va être encore plus difficile pour manger. Si ça se trouve, je vais encore perdre du poids et tout abandonner. Je vous déteste, vous n'avez pas le droit de me faire ça ! Vous n'avez qu'à m'enfermer pour que je ne parle pas à Lilou, mais ne me changez pas de chambre ! Je ne mérite pas ça !

— Allongez-vous, Solène. Calmez-vous et buvez un peu d'eau.

Incapable de répondre ni même de boire, je m'allonge, mais ma respiration s'emballe. Je suis en pleine crise d'angoisse, comme quand je me suis disputée avec Papa il y a quelques mois, sauf que là je suis seule avec des blouses blanches.

— On vous laisse et on revient dans dix minutes.

On t'abandonne encore, tout le monde te déteste. Personne n'a jamais voulu de toi ! Au collège, on ne voulait pas de toi, Coralie ne voulait pas de toi, Eyvan ne voulait pas de toi, tes parents ne voulaient pas de toi et maintenant, c'est l'hôpital ! Tu es seule ! Seule ! Seule ! C'est tout ce que tu mérites.

Je tremble de tous mes membres, la pression est trop forte, comment vais-je faire ? Pensant qu'un peu d'eau me ferait du bien, je me lève pour attraper le verre… Mes jambes flageolent tellement que je m'écroule par terre, renversant au passage le verre d'eau.

Tu es nulle, hyper nulle !

Là c'est trop, je n'en peux plus, je n'ai même pas la force de me remettre debout. Je suis coincée avec cette maladie, jamais je n'y arriverai.

— Oh non, Solène, n'importe quoi, relevez-vous !

C'est le docteur F., que je n'avais pas entendu arriver. Il m'aide à me relever, m'installe sur mon lit et prend place à mes côtés. Il pose une main sur mon épaule et murmure :

— Comment un changement de chambre peut-il vous mettre dans un état pareil ?

Il essaie de te manipuler pour que tu changes de chambre.

J'ôte sa main posée sur moi en criant :

— Lâchez-moi !

Il comprend que je suis mal, que je ne veux pas parler et me laisse.

Les larmes n'ont cessé de couler depuis 10 heures du matin, et maintenant c'est le repas. Je ne sais pas si je vais pouvoir avaler quoi que ce soit…

Les betteraves sont devant moi. Ça me paraît insurmontable.

Si tu manges, tu vas grossir, et si tu grossis on va te changer de chambre et te reléguer dans le coin des filles inutiles. Tu ne mérites pas ta place, tu es grosse, tu n'es pas malade.

Je n'ai pas le droit d'abandonner, je ne dois pas reculer, je vais manger. Je prends une cuillère et commence par quelques bouchées. Finalement, je finis tout.

Il est 16 heures, je pleure encore, tout est en train de changer et ça me perturbe, mais je dois me battre. Je ne peux pas décevoir Papa et Maman, mes amies.

Ils ne t'aiment pas, tu te fais des illusions, ils se fichent de ce qui t'arrive.

Je dois avancer, ne pas m'enfermer dans la maladie. Katerina entre et je m'écrie sans réfléchir :

— C'est bon, changez-moi de chambre tout de suite, je préfère que ça soit fait maintenant !

48.

Cette fois, c'est fait, je suis dans ma nouvelle chambre, je ne réalise pas vraiment. C'est bizarre car à la fois je ressens de la honte pour le caprice que j'ai fait et en même temps une certaine fierté. C'est la première fois que je me lâche ainsi, que je me moque du regard des autres. Je crois que c'est bon signe.

La femme de ménage m'a gentiment aidée à transférer toutes mes affaires. Étant donné que je me retrouve de l'autre côté du bâtiment, la vue de la chambre change beaucoup. Par la fenêtre, ce ne sont plus les patients que je vois, mais la ville, un parking, le tram, des visiteurs, des soignants et des immeubles. Je viens d'apercevoir un groupe de filles très minces ; je crois comprendre : ce sont les patientes de l'hôpital de jour, des anorexiques qui ne viennent que durant la journée et à raison d'une fois ou deux par semaine.

Elles sont plus minces que toi, elles devraient être à ta place.

C'est affreusement douloureux de les voir. Pourquoi je suis aussi mal ? Pourquoi je me sens toujours obligée de me comparer ? Je referme mon store, c'est trop difficile. Je vais aller à la douche pour me changer les idées.

Quand j'arrive, la porte d'une des douches s'ouvre.

— Ils n'ont pas le droit de nous faire ça, c'est dégueulasse ! murmure Lilou.

Immédiatement mes larmes se mettent à couler, les siennes aussi d'ailleurs.

— J'ai pleuré toute la journée. Je ne voulais pas déménager, mais il n'y a pas eu moyen de les faire changer d'avis. J'ai jeté tout le monde !

— Solène, me dit-elle en me prenant la main, on va se battre, on doit sortir d'ici ! Et vite ! La maladie est un monstre, une prison, un enfer ! Promets-le-moi, on va sortir d'ici.

— Oui, je te le jure, on ne lâche rien.

Je l'enlace, je prends ma douche, et je retourne dans ma chambre toujours en pleurs.

Aujourd'hui, il fait chaud. Le ventilateur tourne à plein régime et je me vaporise régulièrement de l'eau fraîche sur le visage. Contrairement au début de mon hospitalisation, je suis loin d'avoir froid. Je me rends compte à quel point le temps passe. C'est l'été, déjà plus de trois mois que je suis ici. Quand je suis arrivée, j'avais ma doudoune, mes bottes et j'étais encore gelée, alors que maintenant je suis en débardeur à chercher un peu d'air frais.

Quelqu'un frappe à ma porte, c'est Katerina.

— On fait un temps collectif, tu veux venir avec nous ?

J'accepte et la suis dans le salon.

— Alors, vu qu'il fait très chaud, je vous propose une bataille d'eau.

Les autres patientes et moi nous regardons et ne savons que penser. Ici, nous n'avons habituellement droit à rien, et là, on nous propose une bataille d'eau ! Je n'en crois pas mes yeux ! L'autre infirmier revient avec des seringues en guise de pistolets à eau, je sens qu'on va rire. Anna est là. Toutes les deux on se regarde et on comprend tout de suite : aucune règle ne sera respectée durant cette journée. Du coup, Lilou, qui est pourtant en cadre fermé, sort de sa chambre, prend elle aussi une seringue et m'asperge d'eau. Je me sens bien, je me sens exister, je rigole, cela faisait si longtemps que ça ne m'était plus arrivé. Lilou et Anna aussi rient aux éclats, pour la première fois on vit un moment ensemble, un vrai, en tant qu'amies.

Je fais coucou à la fenêtre à présent que ma chambre donne sur le parking. Papa et Maman sont venus m'apporter des affaires, mais ils repartent sans que j'aie eu le droit de leur parler. Les voir de loin sans pouvoir les prendre dans mes bras est vraiment douloureux.

J'ouvre le sac qu'ils m'ont fait passer et, dedans, je trouve un courrier avec des photos. Ce sont les parents de Lilou chez moi avec un verre à la main. C'est merveilleux de les voir soudés comme ça, à l'image de Lilou et moi. Je suis heureuse d'avoir une amie comme elle. C'est ma copine de galère, mais on va s'en sortir ensemble, j'en suis certaine…

Gilles.

Difficile d'expliquer en quelques mots à ceux qui nous le demandaient l'intérêt d'une telle séparation. Certaines personnes étaient choquées et ne comprenaient pas comment cette « punition » pouvait aider. Et les mots, bien malgré eux, ont parfois été blessants...

Pourtant, le choix du parcours de soins a été mûrement réfléchi. Avec les soignants, mais aussi avec Solène. Et heureusement pour nous, ma femme et moi avons toujours été sur la même longueur d'onde.

Naturellement, ça ne nous a pas empêchés de souffrir de la situation. Je me souviens notamment de ce jour où Isabelle était en pleurs. J'avais moi-même une énorme boule dans la gorge. Nous n'avions pas eu le droit de voir Solène, mais juste celui d'amener quelques affaires pour elle aux infirmiers. Lors de sa dernière pesée, elle n'avait pas atteint les objectifs et avait, du même coup, perdu l'ouverture « visite une fois par semaine ».

Nous étions donc devant l'hôpital quand nous l'avons aperçue derrière sa fenêtre au troisième étage, et nous lui avons fait un petit signe. Ç'a été dur, très dur. Mais nous avions déjà la « chance » de la voir ! De son ancienne chambre, ça n'aurait pas été possible...

49.

— Solène, je viens vous chercher pour le petit déjeuner collectif.

Depuis plus d'un mois, chaque mardi, c'est un rituel avec les infirmiers et d'autres patientes. C'est un bon moment et c'est convivial. La grosse différence avec notre plateau habituel, c'est le choix. Tout est ici comme à la maison. Ce n'est pas uniquement biscottes, beurre et confiture en barquette comme en chambre. Ici, il y a du pain frais, des céréales, des confitures en pot, du Nutella. Jusque-là, je ne me suis jamais autorisé de changement, mais ce matin, j'ai envie de prouver que je suis forte et que la maladie ne va pas me dicter ce que je dois manger. Tout le monde est installé, je me sers en pain, en lait et en beurre. Anna est là, je crois qu'elle a compris mon intention, mais elle sait aussi que je suis en difficulté. Elle me murmure : « Courage ! » et me sourit. Elle a raison, je peux y arriver !

J'ai tartiné trois bouts de pain avec du beurre et de la confiture, mais pour mon dernier, j'hésite. Je prends le pot de Nutella. Anna me regarde avec stupéfaction, elle y est déjà parvenue, mais venant de moi, c'est plus étonnant.

Ne fais pas ça, tu vas le regretter. Arrête ça tout de suite !

Ça y est, j'ai la cuillère pleine de Nutella dans la main, je ne peux plus reculer, ça ne se fait pas de tout reposer. J'étale une petite cuillerée sur mon morceau de pain, puis je porte la tartine à ma bouche. C'est bon. Oui, c'est même succulent !

Mais non, tu n'aimes pas ça, ce sont juste des calories inutiles. Arrête-toi tout de suite sinon tu vas grossir ! Beaucoup !

Je la finis, je ne sais pas si c'est du plaisir ou de la fierté que je ressens, mais c'est plus fort que la culpabilité. Je l'ai fait !

Comme toutes les filles, j'appréhende le rendez-vous hebdomadaire avec le docteur H. Ce qui nous déstabilise le plus, c'est sa rigidité. Sa franchise à toute épreuve est parfois aussi difficile à digérer que ce qu'on mange. Toujours aussi stricte, elle me demande de m'asseoir. Sans élever la voix, elle arrive à me mettre la pression.

— Solène, j'ai regardé votre courbe de poids, vous êtes consciente que ça ne bouge pas vite ? Vous venez seulement d'atteindre votre poids d'entrée dans le service après quatre mois passés ici.

Évidemment, je le sais, mais c'est difficile à entendre.

— La bonne nouvelle, c'est qu'on va pouvoir commencer à parler d'ouverture de cadre. Vous y avez réfléchi ? me dit-elle avec un sourire.

C'est tellement étonnant que je la trouve d'un coup hyper sympathique. Cette nouvelle me fait un bien fou. Je lui réponds :

— Je pensais au courrier, si c'est possible.

Elle approuve, à condition que cela ne me fasse pas trop de mal.

Au fond de moi, je sais que le docteur H. est un bon médecin. Sa sévérité n'est pas dirigée contre moi mais contre l'anorexie.

J'enchaîne par un entretien avec le docteur F. Là encore, je ressens une certaine pression, je me demande de quoi il va me parler aujourd'hui et je sais d'avance que, comme aux autres rendez-vous, mes larmes vont couler. Il cherche mes failles et ne rate jamais sa cible.

— Alors, Solène, depuis la dernière fois, avez-vous réfléchi à la jeune femme que vous voulez devenir ?

— Je ne suis pas sûre que ça me plaise, de grandir.

Je lui souris timidement en disant ça. Il s'approche de moi en souriant également.

— Pourquoi avez-vous si peur de la grande Solène ?

— J'aimerais tellement voyager dans le temps, retourner à l'époque où j'avais cinq ou six ans, tout était bien plus simple. Grandir, c'est un peu comme un virus qui se répand dans tout le corps et, quand je me regarde dans la glace, je ne me reconnais plus.

— Il va falloir accepter le changement, Solène. Vous savez pertinemment qu'il est impossible de retourner à l'enfance. Sortez de cette prison dans laquelle vous vous êtes enfermée du fait de l'anorexie. Il faut aller de l'avant ! Je ne veux pas vous garder ici. Ce n'est pas que je ne vous aime pas, mais ce ne serait pas bon signe.

37,7 kilos, soit 2 kilos de plus qu'à mon arrivée. Je n'en crois pas mes yeux. Ça y est, j'ai droit au courrier, je vais pouvoir ouvrir toutes les lettres qui sont dans mon casier. Enfin ! Je retourne dans ma chambre, le sourire aux lèvres, impatiente qu'on m'apporte tout cela.

Tu as droit au courrier car tu as pris beaucoup de poids, tu ne devrais pas être contente, pense à ton image !

La petite voix a vite fait redescendre mon excitation. Je suis rattrapée par la réalité, ou plus exactement par la maladie. Mais je décide de faire mon possible pour l'ignorer.

Une fois le petit déjeuner desservi, l'infirmière entre dans ma chambre avec un gros tas de lettres dans les mains. Souriante, elle me lance : « Bonne lecture ! » Je ne peux m'empêcher de compter. J'ai à ce jour reçu trente et une enveloppes, dont certaines avec plusieurs lettres à l'intérieur. Comment ai-je pu croire que les gens m'oubliaient ? Ils ont pensé à moi durant tout ce temps.

C'est juste de la pitié.

Non, ce n'est pas de la pitié ! Ils sont sincères, je le sais, ce sont mes amis, ma famille, et ils sont extraordinaires.

Je me mets à lire les plus grosses lettres. C'est tellement touchant…

Papa écrit :

Je m'inquiète comme si tu étais en colonie et que je n'avais pas de nouvelles. Je regarde mes messages sans réponse et j'ai les larmes aux yeux, une boule dans la gorge.

Je prends conscience de manière très concrète que mon père n'est pas, comme il l'a lui-même avoué lors de la séance de thérapie familiale, aussi confiant qu'il le montre. Je croyais qu'il n'avait peur de rien, qu'il gérait chaque élément de sa vie, mais c'est clairement juste une image. En fait, il s'inquiète pour mon frère et moi.

Quant à ma mère, je sais qu'elle est très sensible, mais je découvre qu'elle a tout de même une grande force en elle. Ses courriers sont merveilleux :

C'est dans l'absence que l'on mesure à quel point les petites choses du quotidien, qui paraissent si anodines quand tout va bien, sont en réalité de précieux moments de bonheur partagés en famille.

Elle a entièrement raison : je donnerais tout pour simplement pouvoir regarder la télévision avec eux, leur faire un câlin ou juste être dans la même pièce ! Maman m'a également écrit :

Même si ce n'est pas forcément pour tout de suite, il y a quelqu'un qui t'attend quelque part et l'avenir s'offrira alors à vous. Tu verras, l'amour partagé, ça donne des ailes, mais il faut parfois être patient.

Peut-être que je devrais sérieusement oublier Eyvan et ne pas m'accrocher à des souvenirs. En définitive, ce n'était qu'une histoire d'adolescents dont je n'aurai certainement plus aucun souvenir dans quelques années.

Évidemment, j'ai aussi des lettres d'Inès et de Coralie à la hauteur de notre amitié.

Mon équipe de basket me soutient également beaucoup. Les filles m'attendent avec impatience, mais je garde mes réserves. Je suis très affaiblie, il sera difficile pour moi de reprendre le sport. Je ne me fais pas d'illusions et je préfère me mettre en tête que je n'y retournerai pas plutôt que de courir après un rêve impossible. Ça ne m'aidera pas. Au contraire, je pourrais même m'enfoncer plus loin dans l'anorexie.

Les mots les plus surprenants sont ceux d'Elsa. Nous sommes proches, mais finalement depuis assez peu de temps. Pourtant, ses lettres sont plus qu'incroyables. Elle me dit qu'elle n'est pas bien depuis mon départ, qu'elle compte les jours d'absence, qu'elle parle de moi avec son copain… Jamais je n'aurais cru ça, mais je vaux vraiment quelque chose pour elle et ça m'émeut. Voilà, maintenant je pleure vraiment, il fallait bien que ça arrive.

Toc, toc, toc. Mince, j'avais oublié, j'ai rendez-vous avec la psychomotricienne. Elle entre et comprend tout de suite ce qui m'arrive.

— Bonjour Solène, je viens vous détendre, vous soulager de toutes ces émotions !

Je l'adore.

50.

Je sais depuis peu que je dois me rendre pour trois jours dans un service d'endocrinologie pour subir un examen de santé approfondi. En effet, je ne m'en aperçois pas tellement, mais mon corps souffre de la dénutrition que je lui impose et les carences alimentaires qui l'accompagnent peuvent provoquer de véritables ravages. Le fait de ne plus avoir de règles est déjà très dangereux, c'est un signe majeur de dérèglement hormonal. Sans oublier que le risque de ne jamais pouvoir inverser le processus, et donc de devenir stérile, est réel. Et ce n'est pas tout : je perds mes cheveux, j'ai les ongles cassants, j'ai des vertiges, j'ai encore souvent froid… Les examens sont donc nécessaires pour vérifier que je ne développe pas de pathologies graves liées à l'anorexie, comme des problèmes cardiaques ou de l'ostéoporose.

Bref, pour la première fois, je quitte mon service et même mon hôpital. Voilà quatre mois que je ne suis pas sortie, et ça me fait peur. Je suis comme une petite mamie qui appréhende un changement dans ses habitudes. Je connais mon service par cœur, chaque recoin, chaque détail, et je connais si bien les soignants…

Après deux examens classiques, on vient m'annoncer qu'on va me faire de nombreuses prises de sang. Aussi, pour éviter de piquer à chaque fois, on m'installe un cathéter dans une veine du bras. Je ne suis pas bien. Malgré mes demandes, le personnel ne me dit pas ce qui va se passer pour moi.

Toute l'après-midi, je reste seule dans cette grande chambre. Le repas arrive, une dame me pose mon plateau et part aussitôt. J'ai l'impression d'être transparente, ici !

4 heures du matin, l'infirmière me réveille et me demande de tendre le bras. C'est déjà la deuxième prise de sang de la nuit et je redoute la journée qui arrive, sachant que je vais subir ça toutes les heures.

7 h 10, le rythme est infernal. Après trois tubes de sang, j'ai fait un premier malaise, puis un second. Je n'en peux plus !

Pourtant, j'oublie tout ça l'après-midi même, quand on frappe à ma porte, et que je vois Inès et Marie entrer. Je n'y crois pas ! Je les retrouve. Ç'a été tellement dur tout ce temps sans les voir. Inès pleure et moi aussi. Papa, Maman et Lucas sont là également. L'après-midi va être merveilleuse ! Le fait d'être transférée provisoirement dans un autre hôpital avec des visites autorisées est finalement une vraie bénédiction…

Les deux premiers jours d'examen sont passés. D'un côté je suis soulagée de bientôt quitter ce service pour réintégrer celui dans lequel j'ai tous mes repères, mais, d'un autre, ça veut dire que je retourne à mon isolement. J'ai malgré tout bien profité de mes visites. Marie m'a raconté plein de potins sur nos coéquipières de basket.

Je suis fière d'elles en apprenant qu'elles ont gagné la finale départementale. Inès m'a confirmé qu'elle était toujours avec Enzo, ce qui me réjouit pour elle. Et hier, Coralie est venue à son tour. Elle m'a vraiment réconfortée en me disant que tout le monde m'attendait et qu'en tant qu'aînée elle prenait soin d'Inès et d'Elsa. C'est adorable !

Avec Papa et Maman, nous sommes parvenus à passer d'agréables moments loin de la maladie. Ils m'ont donné des nouvelles de nos proches et nous avons réussi à rire de leurs occupations et de celles de Lucas.

Là, j'attends avec appréhension mon prochain examen. Ce matin, au petit déjeuner, je me suis fait réprimander pour avoir mangé alors que je devais rester à jeun. En même temps, personne ne m'avait rien dit et on m'a servi un plateau. Je déteste vraiment ce service. Vivement que je retourne dans mon « chez-moi », que je retrouve ma chambre, mes infirmiers…

Je n'aurai les résultats de ce gros bilan de santé que dans un mois et demi, mais le médecin endocrinologue m'a bien expliqué que tout mon corps va à nouveau fonctionner normalement dès lors que j'aurai repris les kilos nécessaires pour être à nouveau à mon poids de forme.

Le chemin est encore long…

Isabelle.

Durant ces jours que Solène a passés au service d'endocrinologie, Gilles, Lucas et moi lui avons rendu visite. Nous avons aussi proposé à ses amies proches d'aller la voir.

Je m'étais dit qu'avec tout ce que ses copines lui raconteraient sur leurs vies normales d'adolescentes, de surcroît pendant les vacances, Solène mesurerait tout ce qu'elle était en train de manquer en étant hospitalisée, et se battrait pour sortir de là au plus vite.

Comme il était difficile pour elle de se servir correctement de son bras droit avec le cathéter, elle m'a demandé de la doucher. Il y avait bien longtemps que cela ne m'était pas arrivé. La dernière fois, elle devait avoir six ans et de jolies petites formes. Ce week-end, la voir nue a été perturbant. En dépit d'une petite reprise de poids, elle était encore tellement maigre… Ses os étaient saillants, son dos légèrement courbé.

Son petit corps m'a semblé si fragile…

Coralie.

À peine devant la porte de la chambre, j'ai eu les larmes aux yeux. Quand nous sommes entrées, j'ai sauté sur Solène pour lui faire un énorme câlin, elle m'avait tellement manqué. Mais j'ai eu comme un choc. Je ne reconnaissais plus mon amie. Devant moi se trouvait une jeune fille si maigre qu'on voyait ses os. Ses cheveux étaient ternes, elle était tellement pâle. J'ai eu l'impression que si je la touchais, elle se casserait. Lorsque nous sommes reparties, j'étais heureuse d'avoir vu Solène, mais si inquiète pour sa santé. Cela faisait quatre mois qu'elle était hospitalisée, elle aurait dû avoir repris du poids, pourtant je l'ai trouvée encore plus maigre qu'avant.

51.

Je suis à peine revenue du séjour en endocrinologie que le docteur F. veut me voir. Il me pose quelques questions concernant mes examens, mais change vite de sujet.

— Est-ce que vous acceptez de prendre du poids ? Est-ce que votre vision de vous-même a évolué ?

— Non, pas vraiment. C'est étrange, je ne me vois toujours pas maigre, pourtant on ne cesse de me répéter que je le suis.

— L'anorexie provoque très souvent ça, alors on va essayer quelque chose.

Il se lève et débranche un câble de son ordinateur. Il revient s'asseoir et, en tordant le câble, il me demande d'en faire un cercle matérialisant l'épaisseur de ma cuisse. Je trouve son exercice complètement idiot car je vois bien comment sont mes cuisses. Je fais donc un cercle correspondant à ce que je pense être leur diamètre. Sur une feuille, le docteur F. dessine le contour du cercle que je viens de former. Il me demande ensuite de passer ma jambe dans le cordon. Il le serre jusqu'à ce qu'il soit collé à ma peau. Je suis choquée, la différence est flagrante. Comment ai-je pu voir mes cuisses aussi grosses ? Il me demande à nouveau :

— Êtes-vous prête à prendre du poids ?

— Oui, je veux avancer, je sais que ça va me guérir, je ne dois pas reculer.

— Est-ce que vous le voulez vraiment au fond de vous, Solène ? Car on n'avancera pas tant que vous ne serez pas persuadée de ce que vous souhaitez.

Je ne sais pas quoi lui répondre. Mais je crois que je le veux vraiment. En ce moment, je ne me demande plus si je suis une bonne élève, une fille appréciée ou un cas désespéré. Tout ça n'a plus d'importance, je veux juste être heureuse.

Depuis quatre mois, pour m'occuper, je lis énormément, et si mon état d'esprit a changé, c'est aussi un peu grâce à mes lectures. Si je pouvais remercier les auteurs directement, je le ferais bien volontiers. Je ne cesse de relire des phrases qui ont du sens pour moi.

On réalise soudain ce qui a vraiment de la valeur dans notre vie. Tout le reste, qui jusqu'alors mobilisait notre attention et notre énergie, devient d'un seul coup secondaire. On s'autorise à être soi-même, à exprimer ce que l'on ressent, à vivre ce que l'on veut vivre[1].

Je comprends petit à petit comment est venue mon anorexie. À force de vouloir me conformer à ce que les autres attendent de moi, à force de vouloir tout contrôler, y compris l'image que je renvoie, j'ai perdu le contact avec moi-même, je me suis oubliée, j'ai oublié qui j'étais. Alors aujourd'hui, je veux faire les choses avec mon cœur.

1. Laurent Gounelle, *L'homme qui voulait être heureux*, Paris, Éditions Anne Carrière, 2008.

Mon stylo en main, j'écris un début de lettre à Manon, cette fille que j'ai aimée puis détestée au collège, mais qui a tellement compté pour moi. Peu importe si je n'ai pas de réponse, je pense à moi et je fais ce que j'aurais dû faire depuis longtemps : lui dire qu'elle a encore de l'importance à mes yeux.

38,2 kilos ce matin. C'est sûr, le processus est en marche, je crois que je suis enfin prête à avancer. Mes progrès sont très lents, mais mes efforts finiront par payer. Ce qui compte, c'est de ne jamais baisser les bras.

Isabelle.

Le samedi 26 septembre a été un jour important pour nous tous. Solène a continué de prendre du poids conformément aux objectifs fixés, alors nous avons eu un droit de visite plus long que les semaines précédentes. Et, surtout, on nous a proposé d'inclure dans ce temps de visite un repas pris en commun au sein du service afin de se réhabituer à manger ensemble. Cela nous a permis de renouer avec les repas familiaux qui, chez nous, cristallisaient beaucoup d'angoisses six mois plus tôt.

Nous nous sommes alors rendu compte des quantités de nourriture qui étaient nécessaires à la reprise de poids de Solène, y compris la ration de pain qui lui était indispensable.

Pendant le repas, j'ai beaucoup regardé ma fille. Je me suis aperçue qu'elle mangeait tout, mais par toutes petites bouchées, ce qui l'obligeait à beaucoup de patience.

Ensuite, nous sommes allés, malgré un temps maussade, dans le parc de l'hôpital. C'était nouveau pour elle et, forcément, elle a beaucoup apprécié. Nous nous sommes assis sur un banc et avons évoqué tout un tas de souvenirs.

À 16 heures, à la fin des visites, nous sommes repartis, mais, pour la première fois, sans pincement au cœur, car nous savions désormais que les choses avançaient vraiment et que ce n'était plus qu'une question de temps.

Gilles.

Début septembre, Solène a eu le droit de travailler un peu ses textes de français et a pu passer la session de rattrapage de l'oral et de l'écrit du baccalauréat afin de valider son année de première. Cet examen a été l'occasion de sa première sortie en dehors de l'enceinte de l'hôpital après six mois d'enfermement.

Les prises de poids ont été plus régulières et plus importantes par la suite. Semaine après semaine, les « ouvertures », comme ils disent dans leur jargon, se sont multipliées tout en restant conditionnées par la poursuite des progrès. En cas de perte de poids, les libertés nouvellement acquises étaient remises en question et, ainsi, Solène devait persévérer. Elle a eu accès à son portable une heure par jour, lui offrant la possibilité de communiquer avec l'extérieur, et notamment avec ses amis. Elle a pu également, quelques heures par jour, passer du temps, sans les infirmières, avec d'autres patientes elles aussi sur le chemin de la guérison. Cela peut paraître anodin, mais elle renouait de cette manière avec un semblant de vie normale à un âge où l'amitié est primordiale. Nos visites, quant à elles, sont devenues fréquentes et, surtout, se sont allongées. Puis, progressivement, ce furent les sorties : d'abord une demi-journée, puis une journée complète et enfin, deux jours consécutifs. À chaque fois, cela a été un challenge.

Le vendredi 6 novembre, Solène a repris, pour la première fois, le chemin du lycée. Son retour a été bien préparé par l'infirmière scolaire et le professeur principal auprès des élèves de la classe. Et notre fille a pu assister à un cours de philosophie. L'enjeu, évidemment, c'était avant tout qu'elle puisse se resociabiliser. Apparemment, de nombreux camarades étaient très émus de la retrouver.

Pourtant, aussi bizarre que ce soit, après chaque permission, Solène était heureuse de revenir à l'hôpital. Ce lieu était rassurant, une sorte de cocon protecteur où tout le monde était aux petits soins pour elle, où elle connaissait tout dans les moindres détails, où finalement elle se sentait bien, comme chez elle.

Mais ce n'était pas la vraie vie, elle le savait bien. Et sa réinsertion dans la vie normale lui a fait extrêmement peur, un peu comme un prisonnier qui redoute de regagner le monde libre.

52.

On vient me chercher pour un repas collectif avec deux autres patientes. Je suis très inquiète, mais je vais devoir m'y habituer. Myriam, l'infirmière, nous attend dans la cuisine avec un grand saladier rempli de taboulé. Mon cœur s'emballe, je me demande comment je vais faire. Ça peut paraître anodin, mais pour une anorexique, se servir est très compliqué. D'habitude, nous avons des barquettes individuelles avec des quantités identiques, mais aujourd'hui personne n'aura précisément la même quantité, et c'est très angoissant. Les médecins nous ont prévenues que les premiers repas traditionnels seraient délicats.

Regarde Anna, elle en a moins que toi, tu manges plus qu'elle, tu vas grossir.

Non, je ne dois pas reculer, je veux prendre du poids, peu importe si j'en ai plus qu'elle dans mon assiette. Anna me regarde et dit :

— J'ai l'impression que Solène en a moins que moi et je n'arrive pas à penser à autre chose.

C'est sûr, elle ment, elle veut te faire grossir.

Pour qu'il n'y ait plus de malaise et qu'elle se sente mieux, je me sers une cuillerée de plus, même si c'est terrible. Je le sais, il va me falloir du temps pour m'habituer à manger avec les autres, à ne plus appréhender de me mettre à table. Pour ça, je dois affronter mes peurs, je ne dois plus craindre le changement.

Dans un livre, j'ai lu :

L'existence est un mouvement perpétuel, tout change à chaque instant et la résistance à ce changement ne peut mener qu'au malheur. C'est la confiance en la vie qui permet d'avancer, de rebondir et finalement de faire arriver ce qui arrive[1].

— Solène, tu es vraiment jolie avec tes petites joues et tes yeux pétillants, me disent Lilou et Anna.

— Arrêtez de me raconter n'importe quoi.

— Si, si, c'est vrai, insiste Lilou avec un grand sourire.

Puis Anna ajoute :

— Tu te rappelles les premiers jours ? Tu es venue en cachette dans ma chambre, tu avais d'énormes cernes, la peau toute tirée, le teint pâle, j'ai eu peur.

Bien sûr, je me souviens de ce moment, mais pas de mon état. Ça me fait un léger choc d'entendre ça, mais c'est motivant.

J'ai encore plus de 7 kilos à prendre avant de quitter ce service. Ma bataille n'est pas terminée. En revanche, maintenant, je sais ce que je veux : sortir. C'est là-bas, dehors, que la vie, la vraie, reprendra. Sortir signifie partager d'autres instants merveilleux en famille, me

---

1. Laurent Gounelle, *Le jour où j'ai appris à vivre*, Paris, Éditions Kero, 2014.

fabriquer d'autres bons souvenirs avec Inès, Coralie, Elsa, Marie et toutes les super copines que j'ai. Je veux également renouer le lien avec Manon, et passer de vrais moments à rire avec Lilou. Tout simplement, je veux PROFITER.

Mon avenir est entre mes mains, et j'en suis persuadée : je réussirai à vaincre mes démons. Je sortirai d'ici. Heureuse. Car lâcher prise, c'est vivre !

53.

Mercredi 30 décembre 2015, je sors définitivement de cet hôpital après neuf mois passés ici. Je pourrais aussi dire neuf mois de perdus, mais en fait je considère cette épreuve comme une renaissance. Je comprends maintenant pourquoi certaines personnes se disent reconnaissantes d'avoir traversé de grandes souffrances. On ne réalise la valeur de la vie que lorsqu'elle est menacée. C'est tout à fait ce que je ressens. Avant, je ne connaissais rien de ce monde-là, je m'étais toujours demandé ce que provoquait un rendez-vous avec un psy, j'avais même la fâcheuse habitude de critiquer les anorexiques, sans comprendre que manger était un vrai problème pour elles.

Mais à partir de l'été 2014, j'ai commencé à vouloir perdre un peu de poids et, progressivement, je me suis transformée. C'est comme si j'avais enfilé un masque, revêtu le costume de la maladie. Je n'étais plus moi-même. Il ne restait plus aucune partie de moi pour dire : « Oh, qu'est-ce que tu fais ? » Je m'imposais des choses terribles et rien ne pouvait changer ça. Je fermais les portes une à une, je n'avais plus aucune liberté.

Durant mes nombreuses semaines d'hospitalisation, j'ai rencontré des filles, mais aussi des garçons, qui vivaient dans des souffrances atroces ; des personnes dont le désespoir était total, qui n'avaient plus envie de vivre, qui ne voyaient pas le bout du tunnel. Des filles qui se réveillaient en pleine nuit sans comprendre ce qui leur arrivait, voulant s'enfuir ou pire, voulant mettre fin à leurs jours, tapant sur les murs et criant : « Je n'en peux plus ! » Elles ne savaient plus quoi faire, elles criaient à l'aide. Leurs pensées, cette petite voix dans leur tête, étaient trop présentes et les rendaient folles. C'est vraiment difficile à comprendre, pourtant la peine est réelle. Cette maladie est un véritable cauchemar.

Je n'ai jamais ressenti de grosse douleur physique au cours de ma vie, mais je peux dire que celles, morales, engendrées par la dépression ou l'anorexie, sont terribles. Je connais cette souffrance, je fais partie de ces filles. À tout moment de la journée ou de la nuit, on se retrouve en détresse, seule dans notre chambre, perdue, prisonnière de la maladie, au bord du gouffre.

Pour essayer d'aider les personnes atteintes de cette maladie, il faut employer les grands moyens, quitte à les faire souffrir un peu plus dans un premier temps. Il faut arriver à leur prouver que la maladie leur prend tout, et ce n'est pas une image puisque certaines vont jusqu'à se retrouver en réanimation avec un cœur rendu trop fragile par la perte de poids. Alors quelques-unes seront sondées, d'autres attachées avec des sangles, enfermées… Ça peut ressembler à de la torture, mais il faut faire mal à ce démon pour qu'elles s'en sortent.

Heureusement, la plupart y arrivent, combattent cette voix qui leur impose l'insensé, pour retrouver leur liberté, pour vivre leur vie. Mais d'autres n'y croient plus... À ces personnes, dites que c'est possible ! Dites-leur de ne jamais baisser les bras !

Si l'un de vos proches n'est pas bien dans sa peau, a du mal à manger et perd du poids, ne le laissez pas sombrer dans l'angoisse des repas. Osez l'affronter pour le faire réagir, quitte à le blesser. L'anorexie mentale commence toujours par une phase de déni très pénible. Mais vous ne regretterez pas votre intervention, car cette personne finira forcément par vous en être reconnaissante.

Après de nombreuses épreuves, cette reprise de poids progressive – mais pas des moindres –, ces permissions de sortie, le retour par étapes au lycée, les angoisses, les peurs et mes progrès, je commence à envisager la guérison.

Aujourd'hui, je peux paraître totalement rétablie, mais il faut se rendre à l'évidence : le combat est loin d'être gagné, la reconstruction ne fait que commencer. Je ne sais pas du tout où se trouve mon avenir, mais il sera beau, vraiment beau.

Je recommence à être heureuse.

Notre vie commence véritablement le jour où l'on comprend que l'on mourra un jour et qu'on l'accepte pleinement[1].

---

1. *Ibid.*

Isabelle.

Ce 30 décembre 2015 a été un grand jour pour toute la famille : Solène a définitivement quitté l'hôpital.

J'ai été très émue au moment de rassembler toutes ses affaires et de dire au revoir aux soignants. Je n'ai d'ailleurs pas pu m'empêcher de verser quelques larmes en leur exprimant ma gratitude. Dans ma tête, les choses se bousculaient un peu, entre joie et doute, entre sérénité et appréhension…

Dans ce genre de pathologies, je le savais, les rechutes ne sont pas exceptionnelles. Mais je me rassurais en me disant que nous n'étions pas « lâchés » dans la nature, que Solène allait encore se rendre tous les mercredis à l'hôpital de jour pendant quelques mois et que, par conséquent, le retour en douceur à la vie « normale » se passerait bien.

Dans le fond, j'espérais simplement que Solène, qui acceptait très difficilement l'échec, n'aurait plus jamais à revivre cela. Qu'elle se réhabituerait à la vie à quatre à la maison. Qu'avec ses amis aussi, elle retrouverait sa place. Et, enfin, que « l'étiquette » de malade, d'anorexique, de fille qui a eu des problèmes ne serait pas trop lourde à porter.

Une chose est sûre : nous serons toujours là pour elle, toujours là pour la soutenir !

Coralie.

Solène et Inès sont venues chez moi. Ça faisait déjà quelques mois que Solène était sortie de l'hôpital.

Après un bon repas, nous avions décidé de nous préparer pour sortir boire un verre, mais Solène nous a demandé, à Inès et moi, de nous assoir, car elle avait quelque chose à nous donner.

Un silence s'est installé quand elle nous a expliqué ce qu'elle tenait entre ses mains. « C'est mon histoire. Pendant que j'étais à l'hôpital, j'ai écrit ce que je vivais, ce que je ressentais. Je sais que vous vous posez pleins de questions, mais je ne peux pas vous expliquer ce qu'il s'est passé. Alors, dans ce texte, vous trouverez certainement les réponses que vous cherchez. » Inès et moi n'avons rien réussi à articuler. J'attendais ça depuis si longtemps… Comprendre !

Deux ans plus tard…

Écrire me libérait, écrire me libère encore. Me revoilà donc prête à coucher quelques lignes sur le papier, après deux années de recul sur cette période terrible.

Je n'ai à présent plus l'esprit torturé, je suis apaisée. Non pas guérie entièrement, mais heureuse, c'est ce qui compte le plus.

Mon combat est très long. Je progresse cependant chaque jour grâce à de minimes efforts, presque imperceptibles pour les autres, et pourtant… Si je regarde en arrière, je vois à quel point mes peurs ne sont plus les mêmes, sans m'en rendre compte j'ai parcouru un bon bout de chemin depuis mon hospitalisation.

Pendant ces vingt-quatre mois, tout n'a pas été simple : les peurs au sujet de ma réinsertion définitive étaient fondées. Au début, j'ai ressenti une fatigue permanente due à la reprise de poids et au fait de bouger à nouveau. Et puis mes défis étaient nombreux : reprendre une vie sociale, me sentir à ma place, recommencer à travailler sans retomber dans le piège de la pression, et surtout ne pas laisser cette voix ressurgir. Voilà quel a été mon combat quotidien.

Il y a deux ans, j'ai pris la décision d'accepter l'aide qu'on m'offrait, de dire oui à l'hospitalisation. Ce jour-là, j'entrais dans l'inconnu. Cette décision pouvait être la meilleure comme la pire de ma vie. Aujourd'hui, je suis fière de l'avoir prise.

Je ne le cache pas, ce sont les neuf mois les plus douloureux de tout ce que j'ai vécu jusqu'à présent. Surtout au début, quand je passais mes journées à attendre... Attendre quoi ? Je ne savais pas... J'espérais qu'on trouverait une solution, qu'on me guérirait. Je croyais que les médecins étaient en quelque sorte des magiciens.

La solitude était terrible, je ne comprenais pas, je me disais que je ne méritais pas d'être mise en quarantaine. Comment pouvais-je me reconstruire sans le soutien de mes proches ? J'étais perdue, ce n'était pas ce que je voulais. Car oui, j'attendais une aide, mais bien différente de toutes ces choses qu'on m'imposait ou m'interdisait.

Pourtant, cette hospitalisation a porté ses fruits et c'est principalement grâce à elle que je m'en suis sortie. Finalement, même si c'est difficile à avouer, j'avais besoin de cette solitude, de me retrouver face à moi-même pour enfin me poser les bonnes questions !

L'isolement de l'hôpital n'était rien en comparaison de la « prison de l'anorexie » dans laquelle je me trouvais. Il fallait que je prenne conscience que ce blocage sur la nourriture et l'importance que j'accordais à mon image m'isolaient. J'ai compris que si je n'agissais pas moi-même, personne ne pourrait rien faire. Si je voulais revivre normalement, il fallait que je me batte.

Et, seule face à la nourriture, je n'ai pas eu d'autre choix que de le faire.

Bien sûr, cette bataille n'a pas été simple à mener. Elle a notamment été jalonnée de mensonges, de stratégies mises en place pour ne pas manger…

Je n'ai pas raconté, par exemple, mes multiples tentatives pour enlever toute trace de gras sur mes légumes, l'habitude que j'ai prise de mettre le plus de sauce possible sur le côté, ou encore les fois où je suis allée jusqu'à jeter des aliments par la fenêtre.

Avec du recul, je suis la première à me demander comment j'ai pu en arriver là. Maintenant que je vais mieux, il y a certaines choses que je ne parviens plus à comprendre. Naturellement, je sais que je n'étais plus guidée par un raisonnement logique, que cette petite voix seule dirigeait ma vie, mais comment et pourquoi cette voix s'est-elle invitée ? Cette question reste aujourd'hui encore sans réponse.

Quoi qu'il en soit, les objectifs fixés pour que je me nourrisse et prenne du poids ont été nécessaires pour que j'avance réellement. Certes, c'était un « cruel chantage » pour me bousculer et j'étais terrorisée par ces kilos que je prenais, au début, pour faire plaisir aux autres, mais, au fur et à mesure, j'ai vu que ce n'était pas si terrible, que je les acceptais. Au final, je ne souffrais pas davantage. Au contraire, j'ai remarqué qu'avec cette prise de poids je me sentais mieux physiquement et moralement. Et, lorsque j'ai été portée par une pensée plus rationnelle, la culpabilité a disparu petit à petit. À partir de ce moment-là, j'ai compris que j'allais retrouver mes kilos pour moi, pour me sentir mieux, et surtout parce que c'était la clé de la guérison.

Le défi restait cependant de ne pas céder lorsqu'une envie de reperdre du poids refaisait surface, c'est pourquoi le suivi était plus qu'obligatoire. À chaque petite faiblesse, il me fallait cette alarme des médecins pour me remettre dans le droit chemin.

Il ne faut surtout pas précipiter les choses en se disant qu'on va mieux et qu'on n'a plus besoin d'aide. Chaque étape est primordiale et demande beaucoup de patience.

De nombreuses personnes malades ou leurs proches m'ont contactée pour avoir des conseils, pour échanger. C'est avec plaisir que j'ai pris le temps de répondre. Je sais à quel point le combat est rude, et j'ai envie d'aider.

Bien sûr, je n'ai aucun pouvoir sur la maladie d'un autre. Les parents, les amis, tout le monde peut être là, mais on ne peut combattre à la place de qui que ce soit. Je comprends alors, maintenant, à quel point se sentir impuissant est difficile à supporter.

Le meilleur conseil que j'aimerais donner aux proches, c'est de ne pas hésiter à en parler, de dire franchement ce qu'ils ressentent, de prendre le temps de rattraper celui qui plonge dans cet enfer. N'attendez pas de voir la détresse du malade, un visage pâle, des cernes, de la fatigue, des yeux qui perdent leur éclat… La souffrance est morale bien avant d'être physique, alors il faut agir.

Souvent, il est compliqué de parler de ces choses-là. On n'ose rien dire, on ne se sent pas suffisamment légitime pour le faire. Mais il faut oser s'avouer les choses importantes. Il n'y a pas de bonne ou de mauvaise personne pour faire changer les choses. D'autant que le malade a parfois juste besoin d'un rappel à l'ordre pour avancer dans la guérison, pour continuer le combat. Il est d'ailleurs souvent nécessaire d'entendre les paroles de quelqu'un de neutre pour réagir.

Je me souviens moi-même de ce jour où mon petit cousin a dit à un repas de famille : « Avant, Solène, elle mangeait toujours du chocolat. » Cette phrase anodine, venant de quelqu'un d'innocent qui ne comprenait pas du tout la maladie, m'a rappelé ce que c'était de se faire plaisir et qu'il n'y avait rien de mal à ça. Non, manger n'est pas une agression, il n'y a même rien de plus naturel. Contrairement à ce que nous croyons, nous, anorexiques, personne ne veut nous faire grossir, on veut juste nous voir heureux.

Aujourd'hui, je suis une jeune étudiante consciente de mes qualités et de mes faiblesses. Je n'ai pas besoin d'être la première, j'ai juste besoin de goûter au bonheur.

Et de ce côté-là, c'est gagné ! Je suis en paix avec moi-même, je me sens à ma place dans ce monde, je me sens en vie : je suis quelqu'un.

Évidemment, je lis encore parfois de l'inquiétude dans les yeux de mes parents, de mes amis ; je sais que je ne suis pas totalement à l'abri, il faut rester vigilant. Mais je vois aussi beaucoup de fierté, la fierté de ceux que j'aime. Pour faire leur bonheur, je sais désormais que je ne dois pas me préoccuper d'eux, mais m'occuper de moi. C'est en étant heureuse que je leur donne le sourire.

Et deux choses m'y ont beaucoup aidée. D'une part, le fait de trouver ma voie, des études qui me plaisent, et de me découvrir une vraie envie de réussir dans ce que j'aime, sans que les autres l'aient décidé à ma place. C'est en faisant nos propres choix que l'on s'épanouit. D'autre part, en rencontrant l'amour. J'ai eu la chance de trouver quelqu'un pour m'aider et me soutenir. Il ne faut pas refuser ces choses-là, le fait de plaire à nouveau m'a redonné des ailes.

Il m'arrive encore parfois de me demander si tout peut vraiment redevenir comme avant, sans aucune peur liée à mon poids ou à mon physique.

Je crois bien que la réponse est non. Ça ne signifie pas que je ne vais pas guérir, au contraire. C'est plutôt que j'ai grandi. Je ne suis plus la petite Solène innocente, je deviens une adulte, une femme avec des soucis de femme, et j'aurais peut-être toujours tendance à faire attention sans pour autant être malade, sans que ce soit une obsession.

Je connais de nouveau la faim et la satiété, je laisse maintenant place au plaisir. Petit à petit. Même si ce n'est pas aussi naturel que pour les autres. De toute façon, j'ai déjà gagné : j'ai réussi à faire taire ce bruit qui raisonnait dans ma tête.

Cette épreuve m'a appris beaucoup de choses sur la vie, notamment à être bien plus tolérante envers les autres. Chacun est confronté à ses propres problèmes et tout le monde mérite d'être écouté.

Bien sûr, j'aurais préféré ne jamais vivre ça, j'ai sûrement perdu mon innocence trop tôt, mais je ne suis plus la même personne. S'il n'y avait pas eu cet événement, j'aurais peut-être traîné toute ma vie mon manque de confiance en moi comme un fardeau. Dorénavant, je crois au bonheur et non plus à l'excellence. Je m'accepte enfin !

Je suis une petite étoile qui a recommencé à briller et je ne dois plus jamais m'éteindre. Les plus beaux moments sont devant moi.

Je suis fière de dire que j'y suis arrivée. Je fais partie de ceux qui s'en sont sortis et espère donner de l'espoir à ceux qui n'y croient plus.

On peut tous le faire. Ne perdez jamais votre rage de vaincre !

Il est maintenant important que je passe à autre chose, que je referme la parenthèse de ma période d'anorexie, et que ma famille puisse également tourner la page.

En terminant ce livre, je tire un trait sur la maladie et je témoigne de mon combat, de ma plus grande leçon, de ma plus belle victoire !

On m'a dit de ne pas oublier mon passé. Il n'est pas forcément merveilleux, mais il a forgé la personne que je suis aujourd'hui : il donne un sens à ma façon d'aimer la vie.

Et surtout, je garde le sourire quoi qu'il arrive. J'ai déjà perdu bien trop de temps à être malheureuse !

Remerciements

Merci à toi, Léa ! Tu es la première à qui j'ai parlé de ce projet de livre et tu m'as soutenue tout au long de cette aventure. Nous nous sommes rencontrées à l'hôpital et immédiatement un lien très fort s'est créé. On a fait un bout de chemin ensemble, on a traversé une des plus grosses épreuves de notre vie toutes les deux. Puis, chacune de notre côté, on a évolué, combattu la maladie… Aujourd'hui, nous en sommes à des stades différents, mais je suis persuadée que l'on se retrouvera tôt ou tard ; un jour, la maladie ne sera plus qu'un vilain souvenir. En tout cas n'oublie jamais : ce sont des kilos de vie, de bonheur !

Merci à toutes mes autres copines de l'hospitalisation, celles qui ont rendu ces longs mois moins durs, celles du « petit salon » : Mélia, Coralie, Marie. Vous êtes extraordinaires, grâce à vous je n'ai pas abandonné et, surtout, j'ai recommencé à rire. Notre amitié ne fait que commencer !

Merci à toutes les personnes qui m'ont aidée, à mon médecin généraliste qui m'a ouvert les yeux, mais aussi aux médecins, aux infirmiers, à la psychomotricienne, aux psychologues, aux internes de l'hôpital… J'ai vécu des moments compliqués, mais je vous remercie car j'ai survécu à tous ces soins ; ça m'a rendue plus forte et ça n'a pas de prix.

Merci bien sûr à toutes mes copines sans qui je n'y serais pas arrivée, et en particulier à Jade, Romane, Anna, Justine… Vous avez beaucoup de courage d'avoir supporté le manque et de m'avoir épaulée, comprise même dans les pires instants. Ça n'a pas été facile pour vous avant que je me fasse hospitaliser, je m'excuse d'ailleurs pour tout ce que la maladie a pu me faire dire ou faire de désagréable. Vous êtes tout simplement irremplaçables ! Tout comme Pauline B., Émeline, Lorraine, Justine, Léa, Carole et toute l'équipe de basket, mais aussi Andréa, Camille, Guillaume, Élise, Chloé, Antoine, Maurine, Auriane, Florentin, Aurélien, Théo, Manon G., Alodie, Adrien, Ben, Tim, Sofiana, Angéline, Pauline T.… et tant d'autres : vos lettres et votre amitié m'ont fait un bien fou !

Merci à celles qui m'ont particulièrement portée grâce à leurs paroles : Lucie, toi qui as mené un beau combat, tes conseils ont été extrêmement précieux ; Coraline, tu es un véritable modèle, tu m'as donné la force d'y croire jusqu'au bout.

Merci infiniment à tous les amis de notre famille qui, pour beaucoup, me connaissent depuis toujours et ont bien entouré mes parents durant cette période difficile en sachant trouver, toujours, les bons mots, et en leur permettant aussi de se détendre malgré tout ! J'ai une pensée émue quand on me raconte l'amour que vous avez déployé autour de nous…

Merci à l'infirmière scolaire et à l'administration de mon lycée, à tous mes professeurs qui m'ont soutenue avant, pendant et après l'hospitalisation. Ils ont bien compris que le retour, même progressif, à la scolarité n'était pas évident. Ils m'ont permis d'avancer à mon rythme, en ayant pertinemment conscience que le plus important était d'abord que se poursuive ma guérison.

Merci également sincèrement à tous mes camarades de classe de première et terminale qui ont bien voulu, même si ça n'a pas toujours servi, compte tenu de la longue période d'absence, me faire passer tous les cours auxquels je n'ai pas assisté.

Merci à toutes les personnes que j'ai rencontrées après cette épreuve, qui ne savaient rien de mon histoire et qui ont été à l'écoute. Vous n'avez pas essayé d'en savoir plus et cette délicatesse m'a beaucoup touchée. Grâce à vous je passe à autre chose, je suis simplement Solène, une fille qui semble bien dans sa peau, une étudiante comme les autres. Merci à tous mes camarades de l'INSA.

Merci à Django ! Ton soutien m'a été indispensable pour ne pas rechuter. Prêt à tout pour ma guérison, tu as été ma force pendant ces longs mois de reconstruction. Tu m'as permis de m'épanouir et de croire à nouveau en l'amour. Merci mille fois pour toute ton aide, sincèrement.

Merci à mes grands-parents, mes cousins, mes oncles et tantes, merci pour votre soutien. Vous avez tant bien que mal essayé de comprendre la maladie, mais ne m'avez jamais jugée pour autant.

Merci à toi, mon Lucas, mon frère adoré ! Tu as eu bien du courage, tu as supporté pendant des mois des parents tristes et inquiets. Alors que tu n'avais rien demandé, ta vie a été chamboulée par cette maladie et, malgré tout, tu n'as pas pété les plombs. Je t'en remercie…

Merci à vous, Papa et Maman : durant cette épreuve, votre présence était indispensable. Ces longues semaines de séparation ont été un déchirement pour vous, vous en avez beaucoup souffert, mais je sais que vous n'avez pas cessé de penser à moi. Je ne pourrai jamais vous rendre tout le bonheur que vous m'avez apporté depuis ma naissance. Vous pouvez être fiers de ce que vous faites : un quotidien merveilleux pour vos deux enfants ! Cette maladie n'est en aucun cas votre faute. On culpabilisait tous chacun de notre côté, mais l'anorexie vient sans prévenir, et personne n'en est responsable. Ne changez jamais, vous êtes les meilleurs !

Merci du fond du cœur à vous qui m'avez lue ; merci pour l'intérêt que vous avez porté à mon histoire. J'espère que ces quelques pages vous auront aidé à comprendre un peu plus ce qu'il se passe dans la tête d'une personne anorexique. Pour celles et ceux qui sont également touchés, je souhaite que ce livre vous montre que rien n'est jamais perdu, que vous y arriverez tôt ou tard : le temps est votre meilleur allié. Encore une fois : osez demander de l'aide, l'anorexie n'est pas une honte, mais une vraie maladie.

Merci aux éditions XO. Toute la maison m'a accompagnée dans cette aventure avec une grande bienveillance. Votre intérêt pour mon combat me donne la chance, aujourd'hui, de faire entendre ma voix.

Certains chapitres de ce témoignage ont sûrement été douloureux pour ceux qui ont vécu ces moments, ceux à qui j'ai menti, caché la vérité, mais j'espère que vous comprendrez bien que la maladie pousse à faire des choses terribles…

Merci à la vie tout simplement.

Elle est belle et m'offre tant de bonheurs au quotidien… Je ne peux qu'être heureuse !

Composition et mise en pages
Nord Compo à Villeneuve-d'Ascq

FSC
www.fsc.org
MIXTE
Papier issu
de sources
responsables
FSC® C123930

Impression réalisée par CPI France
en mars 2018

N° d'édition : 3687/01 - N° d'impression : 3027666
Dépôt légal : mars 2018

Imprimé en France